KI-Mindset entwickeln

Martina Peukert

KI-Mindset entwickeln

Chancen und Herausforderungen von
Künstlicher Intelligenz erkennen
und effizient nutzen

Martina Peukert
ProgramMaker UG
Frankfurt am Main, Deutschland

ISBN 978-3-658-47901-5   ISBN 978-3-658-47902-2 (eBook)
https://doi.org/10.1007/978-3-658-47902-2

Die Deutsche Nationalbibliothek verzeichnet diese Publikation in der Deutschen Nationalbibliografie;
detaillierte bibliografische Daten sind im Internet über https://portal.dnb.de abrufbar.

Springer Gabler ist ein Imprint der eingetragenen Gesellschaft Springer Fachmedien Wiesbaden GmbH
und ist ein Teil von Springer Nature.
Die Anschrift der Gesellschaft ist: Abraham-Lincoln-Str. 46, 65189 Wiesbaden, Germany

Wenn Sie dieses Produkt entsorgen, geben Sie das Papier bitte zum Recycling.

Vorwort

Vorbemerkung:

Aus Gründen der besseren Lesbarkeit wurde auf das Gendern weitgehend verzichtet.

Liebe Leserinnen und Leser,

seit meinem sechsten Lebensjahr bin ich in der IT-Branche tätig und kann auf eine erfolgreiche Laufbahn zurückblicken. Schon damals stießen technologische Innovationen nicht immer auf ungeteilten Beifall. Die Einführung des Mobiltelefons, des Internets und des iPhones – jede Neuerung wurde von Begeisterung, aber auch von Sorgen und Unsicherheiten begleitet.

Als Unternehmensberaterin und IT-Mastertrainerin unterstütze ich seit über 20 Jahren Unternehmen und deren Mitarbeiter erfolgreich dabei, neue Technologien zu integrieren. In meiner beruflichen Praxis erlebe ich immer wieder zwei Dinge: Zu Beginn herrschen oft Misstrauen und Angst vor Veränderung. Sobald die Vorteile und Erleichterungen im Arbeitsalltag sichtbar werden, weicht die anfängliche Skepsis einer echten Begeisterung.

Eine aktuelle Statistik belegt, dass 72 % der Mitarbeiter KI nicht nutzen, da ihnen die nötigen Kenntnisse zur Anwendung fehlen.[1] Aus

---

[1] Statistisches Bundesamt (Destatis) nach Ergebnissen für das Jahr 2023 (https://www.destatis.de/DE/Presse/Pressemitteilungen/2023/11/PD23_453_52911).

meiner Erfahrung kann ich bestätigen, dass das Potenzial der Künstlichen Intelligenz oft ungenutzt bleibt, wenn keine Schulung, klaren Anleitungen und Ermutigung angeboten werden.

Die Künstliche Intelligenz (im Folgenden auch KI) stellt zweifellos eine der größten technologischen Innovationen unserer Zeit dar. Ihre Fähigkeit, in kürzester Zeit Lösungen zu finden, übersteigt die menschliche Geschwindigkeit und Kapazität bei weitem. Doch diese bahnbrechende Effizienz löst auch Ängste aus: Die Frage, ob durch KI massenhaft Arbeitsplätze ersetzt werden, steht im Raum. Die Frage, ob Menschen irgendwann überflüssig werden, ist Gegenstand intensiver Diskussionen.

In diesem Buch möchte ich Ihnen die Angst vor der KI nehmen und gleichzeitig aufzeigen, warum es für Sie und Ihr Unternehmen von Vorteil ist, sich mit dieser Technologie auseinanderzusetzen. Wir zeigen Ihnen nicht nur die Chancen, sondern auch die potenziellen Risiken der KI auf und erläutern, wie Sie diesen proaktiv begegnen können.

Ein „KI-Mindset" bedeutet, Offenheit für Veränderungen zu zeigen und die Möglichkeiten der Künstlichen Intelligenz bewusst und strategisch zu nutzen. Es geht darum, Unsicherheiten gegenüber dem Unbekannten zu überwinden und die KI als Werkzeug für Innovation und Effizienz anzunehmen. Dieses Buch richtet sich an Unternehmer, IT-Experten und alle, die sich mit den Möglichkeiten der KI für die Arbeitswelt und insbesondere die Unternehmenskommunikation vertraut machen möchten.

Ein besonderes Augenmerk gilt der Weiterbildung der Mitarbeiterinnen und Mitarbeiter. Denn die Technologie allein ist nicht ausreichend – der wahre Erfolg liegt in der Fähigkeit der Menschen, diese effektiv zu nutzen. Wir nehmen die Ängste Ihrer Mitarbeiter ernst und bauen gemeinsam das notwendige Wissen auf, damit Ihr Unternehmen das volle Potenzial der KI ausschöpfen kann.

Frankfurt am Main, Deutschland   Martina Peukert

Welche Inhalte bietet Ihnen dieses Buch?
Wir zeigen Ihnen, wie Sie KI-Lösungen in der Praxis umsetzen.

Darüber hinaus bieten wir Ihnen Fallstudien und Best Practices erfolgreicher Unternehmen.

Wir stellen Ihnen die besten KI-Tools für Ihre Mitarbeiter vor.

Wir zeigen Ihnen, wie Sie Ihre IT-Infrastruktur optimieren und Prozesse digitalisieren können.

Im Folgenden finden Sie Tipps, wie Sie Ihre Mitarbeiter auf die anstehenden Veränderungen vorbereiten können.

Mein Ziel ist es, Ihnen einen klaren Weg aufzuzeigen, wie Sie Künstliche Intelligenz erfolgreich in Ihrem Unternehmen einsetzen können. Ich möchte Sie einladen, gemeinsam mit mir die Chancen der Künstlichen Intelligenz zu nutzen und die Zukunft aktiv zu gestalten.

Ich wünsche Ihnen viel Freude beim Lesen und viel Erfolg bei der Umsetzung der vorgestellten Strategien.

Danksagung

Dieses Buch wäre ohne die Unterstützung, Inspiration und Ermutigung vieler wundervoller Menschen nicht entstanden. Von Herzen danke ich allen, die mich auf diesem Weg begleitet und an mich geglaubt haben.

Mein größter Dank gilt meinem Sohn Constantin – deine Neugier, dein offenes Herz und dein Mut, Neues zu entdecken, inspirieren mich jeden Tag aufs Neue. Ein besonderer Dank gilt auch Marcel Arjona Jimenez, der als Erster die Vision für dieses Buch gesehen hat und mich mit seiner Überzeugung und Ermutigung dazu gebracht hat, dieses Buchprojekt anzugehen.

Von tiefstem Herzen danke ich Harald Kufner und Jochen Pompiati. Eure Begeisterung für die Welt der Künstlichen Intelligenz und eure wertvollen Einblicke haben dieses Buch entscheidend geprägt.

Mein Dank gilt auch dem Springer Nature Verlag. Danke, dass ihr an mich geglaubt und mir die Möglichkeit gegeben habt, meine Vision in die Welt zu tragen. Eure Unterstützung und Vertrauen bedeuten mir unglaublich viel.

Ich möchte auch den technologischen Fortschritten danken – eine etwas ungewöhnliche Widmung, ich weiß, aber die Entwicklung der Künstlichen Intelligenz hat mich immer wieder erstaunt und inspiriert. Sie zeigt, welches Potenzial in uns allen steckt, wenn wir bereit sind, uns auf Veränderungen einzulassen.

Ein großes Dankeschön geht an alle, die mich auf Social Media, durch ihre lieben Worte, ihr Feedback oder ihre stille Unterstützung begleiten haben. Ihr habt mir immer wieder das Gefühl, dass dieses Buch nicht nur meine Vision ist, sondern auch von euch getragen wird.

Nicht zuletzt danke ich Renate Jung für ihr aufmerksames Gegenlesen und ihre wertvollen Anregungen, die diesem Buch den letzten Feinschliff gegeben haben.

Mit Dankbarkeit und Freude,
Martina Peukert

Interessenkonflikt Der/die Autor*in hat keine für den Inhalt dieses Manuskripts relevanten Interessenkonflikte.

Inhaltsverzeichnis

1

Die Bedeutung von KI in der Geschäftswelt

Wie Künstliche Intelligenz unsere Unternehmen revolutioniert

1.1 Die Entwicklung von KI-Technologien im Überblick

Im Zeitalter der Digitalisierung und des technologischen Fortschritts hat die Künstliche Intelligenz eine rasante Entwicklung durchlaufen, die die Geschäftswelt nachhaltig verändert. Unternehmen müssen sich der Herausforderung stellen, KI-Technologien optimal zu nutzen, um Effizienzsteigerungen und Wettbewerbsvorteile zu erzielen. Die Entwicklung von KI-Tools und Automatisierungen ist für die Zukunftsfähigkeit von Unternehmen in verschiedenen Branchen überlebensnotwendig.

Die Anfänge der KI reichen zurück in die 1950er-Jahre, als erste Konzepte und Algorithmen wie der Perzeptron-Algorithmus entwickelt wurden. In den folgenden Jahrzehnten führten Durchbrüche im maschinellen Lernen und später im Deep Learning zu neuen Möglichkeiten. Heute revolutionieren Technologien wie die natürliche Sprachverarbeitung (z. B. Chatbots), die Computer Vision (z. B. in der Qualitätskontrolle)

Die Zukunft gehört denen, die die Möglichkeiten von heute erkennen und nutzen.

© Der/die Autor(en), exklusiv lizenziert an Springer Fachmedien Wiesbaden GmbH, ein Teil von Springer Nature 2025
M. Peukert, *KI-Mindset entwickeln*, https://doi.org/10.1007/978-3-658-47902-2_1

und die Predictive Analytics (z. B. für Marktvorhersagen) die Art und Weise, wie Unternehmen operieren.

Ein Beispiel für den erfolgreichen Einsatz von KI ist die Logistikbranche. KI-gestützte Prognosemodelle helfen hier, Lieferzeiten zu verkürzen und Lagerhaltungskosten zu reduzieren. Die konkreten Anwendungen veranschaulichen, wie KI sowohl die Produktivität steigern als auch Kosten senken kann.

Die Integration von KI birgt jedoch nicht nur Chancen, sondern stellt Unternehmen auch vor Herausforderungen: Bei der Integration von KI sind verschiedene Aspekte zu berücksichtigen, darunter die Qualität der Daten, ethische Fragen und die initialen Investitionskosten. Dennoch überwiegen die Vorteile. Unternehmen, die frühzeitig auf KI setzen, profitieren von einer optimierten Entscheidungsfindung und neuen Geschäftsmöglichkeiten.

Ein Blick in die Zukunft zeigt, dass KI in Kombination mit Quantencomputing oder autonomer Robotik zu noch disruptiveren Veränderungen führen könnte. Unternehmen, die sich jetzt strategisch aufstellen, können nicht nur die Gegenwart dominieren, sondern auch die Weichen für eine erfolgreiche Zukunft stellen.

Gleichzeitig sollten Unternehmen sich darüber im Klaren sein, dass das Ignorieren dieser technologischen Entwicklungen gravierende Konsequenzen haben kann. In einer zunehmend daten- und automatisierungsorientierten Geschäftswelt riskieren Unternehmen, die den Einsatz von KI verschlafen, nicht nur den Verlust von Wettbewerbsvorteilen, sondern auch ihre Existenz. Die Geschwindigkeit, mit der KI ganze Branchen transformiert, erfordert eine hohe Innovationsgeschwindigkeit, um nicht von der Entwicklung abgehängt zu werden und am Ende vom Markt zu verschwinden.

Ein weit verbreiteter Irrtum ist die Annahme, das Handwerk sei von diesen Veränderungen nicht betroffen. Tatsächlich wird auch dieser Sektor zunehmend von KI-Technologien beeinflusst. Anwendungen wie die Optimierung von Bauprozessen, die automatisierte Berechnung von Materialien oder intelligente Wartungssysteme verändern die Arbeitsweise in Handwerksbetrieben grundlegend. Selbst traditionelle Berufe profitieren von der Effizienz und Präzision, die KI bietet. Dies zeigt sich beispiels-

weise bei der Gestaltung von Gebäuden, der Organisation von Arbeits-
plänen oder der Erstellung von Kostenvoranschlägen durch smarte
Software.

Unternehmen – egal aus welcher Branche – müssen sich daher bewusst
sein, dass sie von der Digitalisierung und KI nicht unberührt bleiben.
Unternehmen, die sich frühzeitig mit diesen Technologien auseinander-
setzen, sichern nicht nur ihre Marktposition, sondern verschaffen sich
einen nachhaltigen Wettbewerbsvorteil. Unternehmen, die auf Künstliche Intelligenz verzichten, laufen Gefahr, im Wettbewerb zurückzu-
fallen und langfristig an Relevanz zu verlieren.

1.2 Warum ist Künstliche Intelligenz jetzt für alle zugänglich?

Künstliche Intelligenz wurde bislang häufig mit Science-Fiction assoziiert
oder als Anwendung in den Händen großer Konzerne und Forschungseinrichtungen vermutet. Für viele Menschen war sie bislang unerreichbar
und zu kompliziert. In den vergangenen Jahren hat sich das Bild jedoch
grundlegend gewandelt. KI ist plötzlich allgegenwärtig – in unseren
Smartphones, im Auto, in Apps, die wir täglich nutzen, in Unternehmen
und jetzt auch für Privatpersonen per ChatGPT. Welche Faktoren haben
zu dieser Entwicklung beigetragen?

Die Antwort liegt in mehreren Entwicklungen, die in den letzten Jahren zusammenkamen und Künstliche Intelligenz nicht nur mächtiger,
sondern auch zugänglicher machten.

1.2.1 Steigerung der Leistungsfähigkeit von Computerabläufen

Die Leistungsfähigkeit der Prozessoren in unseren Computern reichte
früher nicht aus, um die komplexen Berechnungen, die für KI erforderlich sind, in kurzer Zeit durchzuführen. Heutzutage stehen spezielle
Grafikprozessoren (GPUs) und KI-Chips zur Verfügung, die für die pa-
rallele Ausführung tausender Berechnungen optimiert sind und so eine

deutliche Leistungssteigerung ermöglichen. Die neue Technologie ermöglicht einen schnelleren und kostengünstigeren Betrieb von KI-
Programmen.

1.2.2 Verfügbarkeit großer Datenmengen

KI-Programme erlangen durch die Analyse von Daten entsprechende
Lerninhalte, ähnlich wie Menschen durch Erfahrungen lernen. Die fortschreitende Digitalisierung und die stetige Weiterentwicklung des Internets haben zu einer exponentiellen Zunahme der weltweit verfügbaren
Datenmenge geführt. Dabei spielt es keine Rolle, ob es sich um Texte,
Bilder oder Videos handelt. Die genannten Daten sind für KI-Systeme
von großem Nutzen, da sie deren Fähigkeiten kontinuierlich verbessern.

1.2.3 Cloud Computing

In der Vergangenheit waren teure Hochleistungsrechner erforderlich, um
KI zu betreiben. Heute besteht die Möglichkeit, diese Rechenleistung
ganz einfach online zu mieten, beispielsweise über Dienste wie Amazon
Web Services oder Google Cloud. Die Nutzung von Cloud-Computing-
Diensten hat dazu geführt, dass die Eintrittsbarrieren gesenkt wurden.
Dadurch haben auch kleine Firmen und Einzelpersonen Zugang zu den
gleichen Ressourcen wie große Unternehmen.

1.2.4 Open Source und Gemeinschaftsarbeit

Ein wesentlicher Meilenstein war die Veröffentlichung von KI-
Programmen und Tools als Open Source. Dies bedeutet, dass alle auf
diese Software zugreifen, sie kostenlos nutzen und weiterentwickeln können. Plattformen wie TensorFlow oder PyTorch sind Belege für die
Innovationskraft der Gemeinschaft und tragen dazu bei, KI einem breiteren Publikum zugänglich zu machen.

1.2.5 Einfachere Bedienbarkeit

Die Entwicklung moderner KI-Werkzeuge erfolgte mit dem Ziel, deren Nutzung ohne ein Informatik-Studium zu ermöglichen. Die Benutzeroberflächen vieler Tools sind intuitiv gestaltet, sodass auch Nutzer ohne technische Vorkenntnisse problemlos damit umgehen können. Plattformen wie ChatGPT oder Canva bieten beispielsweise KI-gestützte Designs und Texte, die mit nur wenigen Klicks erstellt werden können.

Diese Entwicklungen haben dazu geführt, dass künstliche Intelligenz demokratisiert wurde und nun als Werkzeug für alle zugänglich ist – egal, ob Großunternehmen, Start-ups oder Einzelpersonen. Dies hat nicht nur unser tägliches Leben verändert, sondern auch die Arbeitswelt revolutioniert.

Die Frage, ob Sie KI einsetzen sollten, stellt sich daher im Grunde nicht mehr. Entscheidend ist, wie Sie die Künstliche Intelligenz für sich am gewinnbringendsten nutzen können.

Eine aktuelle Statistik des Statistischen Bundesamts zeigt, dass viele Mitarbeiter auf Künstliche Intelligenz verzichten, weil ihnen das notwendige Wissen fehlt, die Integration mit bestehenden Systemen schwierig ist oder rechtliche und ethische Bedenken bestehen, siehe Abb. 1.1. Oftmals liegt das Scheitern der Nutzung von KI nicht in der Technologie selbst begründet, sondern beruht auf einem Mangel an Verständnis und Transparenz darüber, wie KI effektiv eingesetzt werden kann.

In vielen Unternehmen ist das Wissen über KI-Technologien noch nicht ausreichend verbreitet, weshalb Mitarbeiter die Potenziale von KI nicht erkennen können oder sie als Bedrohung wahrnehmen. Ein weiterer Aspekt ist die Komplexität moderner KI-Tools, die ohne klare Schulungen und Anleitungen oft abschreckend wirkt.

Zudem bestehen in vielen Fällen unbegründete Ängste. Mitarbeiter befürchten, durch KI ersetzt zu werden oder Fehler zu machen, die negative Auswirkungen auf ihre Arbeit haben könnten. Auch die Annahme, dass KI zu komplex oder nur für technische Experten geeignet sei, führt dazu, dass viele sich nicht mit der Technologie befassen.

Die daraus resultierende Unsicherheit hemmt nicht nur die Nutzung von KI, sondern auch die Innovationskraft und Wettbewerbsfähigkeit

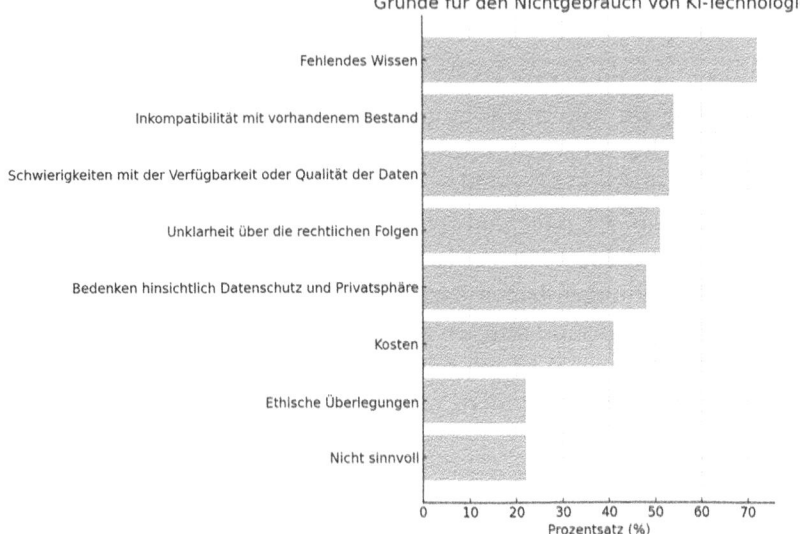

Abb. 1.1 Statistisches Bundesamt (Destatis) nach Ergebnissen für das Jahr 2023. (https://www.destatis.de/DE/Presse/Pressemitteilungen/2023/11/PD23_453_52911.html)

von Unternehmen. Die Kluft zwischen dem, was KI leisten kann, und der tatsächlichen Umsetzung im Arbeitsalltag, ist groß.

1.3   Die Rolle der Künstlichen Intelligenz in deutschen Unternehmen

Die fortschreitende Digitalisierung hat die Künstliche Intelligenz zu einem unverzichtbaren Werkzeug für Unternehmen gemacht. Gemäß einer Statistik des Statistischen Bundesamts nutzen derzeit etwa 12 % der deutschen Unternehmen mit mehr als zehn Beschäftigten bereits KI-Technologien. Es ist bemerkenswert, dass große Unternehmen mit über 250 Beschäftigten diese Technologien deutlich häufiger nutzen als kleinere Firmen. Während 35 % der Großunternehmen auf KI zurückgreifen, sind es bei mittleren Unternehmen mit 50 bis 249 Beschäftigten

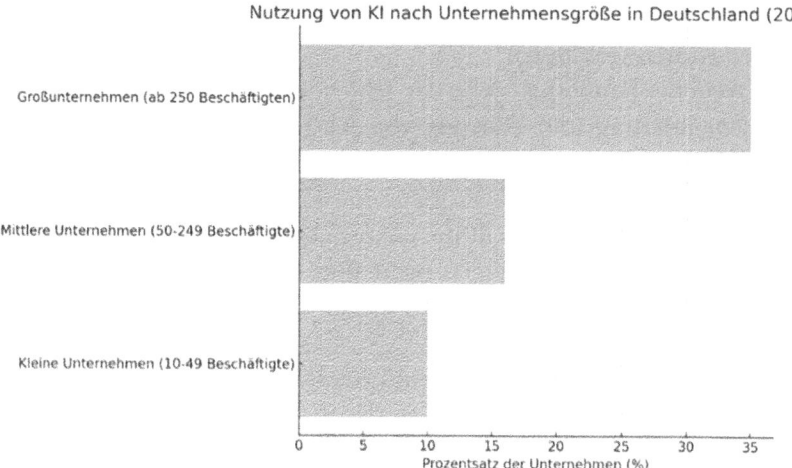

Abb. 1.2 Statistisches Bundesamt (Destatis) nach Ergebnissen für das Jahr 2023. (https://www.destatis.de/DE/Presse/Pressemitteilungen/2023/11/PD23_453_52911.html)

lediglich 16 % und bei kleinen Unternehmen mit 10 bis 49 Beschäftigten nur 10 %. Die Zahlen machen deutlich, dass die Größe eines Unternehmens maßgeblich darüber entscheidet, in welchem Umfang KI genutzt wird, siehe Abb. 1.2.

Die folgenden Anwendungsfelder sind von besonderer Relevanz:

Unternehmen, die KI einsetzen, profitieren insbesondere in datenintensiven Bereichen wie Buchhaltung, Controlling und Finanzverwaltung, in denen 25 % der KI-Anwender tätig sind. Ebenso stellt die IT-Sicherheit einen wichtigen Einsatzbereich dar (24 %), gefolgt von Produktions- und Dienstleistungsprozessen (22 %) und der Organisation von Verwaltungsprozessen und Managementaufgaben (20 %). Die vielfältigen Anwendungsfelder verdeutlichen, dass KI in zahlreichen Geschäftsbereichen die Effizienz steigern und Prozesse optimieren kann.

Während große Unternehmen mit ausreichenden finanziellen und personellen Ressourcen KI oft problemlos integrieren können, stehen kleinere und mittlere Unternehmen (KMU) vor besonderen Herausforderungen. Dazu zählen insbesondere:

• Die Einführung von KI-Systemen ist für kleine Unternehmen mit hohen Kosten verbunden.
• Ein weiteres Hindernis stellt das fehlende Fachwissen dar. Für die Implementierung und Wartung von KI-Technologien sind spezialisierte IT-Fachkräfte erforderlich, auf die KMUs oft keinen Zugriff haben.
• Ein weiteres Hindernis stellt die unzureichende Datenbasis dar. Viele kleine Unternehmen verfügen nicht über die erforderlichen großen Datenmengen, die für den effektiven Einsatz von KI notwendig sind.

Die Aussichten für die Zukunft sind wie folgt:

Trotz dieser Herausforderungen ist davon auszugehen, dass die Nutzung von KI in deutschen Unternehmen in den kommenden Jahren deutlich zunehmen wird. Förderprogramme der Bundesregierung wie die „KI-Strategie" zielen insbesondere darauf ab, kleinen und mittleren Unternehmen den Zugang zu KI-Technologien zu erleichtern. Das Ziel besteht in der flächendeckenden Förderung der Digitalisierung und Automatisierung, um die Wettbewerbsfähigkeit des Wirtschaftsstandorts Deutschland zu sichern.

Die Auswirkungen auf die Arbeitswelt sind vielfältig. KI wirkt sich nicht nur auf Prozesse aus, sondern auch auf die Anforderungen an Mitarbeiterinnen und Mitarbeiter. Die Nachfrage nach Fachkräften, die in der Lage sind, KI-gestützte Systeme zu entwickeln, zu bedienen und zu optimieren, wächst rasant. Gleichzeitig entstehen neue Berufsbilder, während repetitive Tätigkeiten zunehmend automatisiert werden, was wiederum die Unternehmen auffordert, ihre Belegschaft weiterzubilden und eine positive Einstellung gegenüber der Technologie zu fördern, siehe Abb. 1.3.

Künstliche Intelligenz kann Unternehmen auf vielfältige Weise unterstützen. Sie analysiert große Datenmengen, erkennt Muster und ermöglicht so fundierte Entscheidungen. Unternehmen können von der Prognose von Marktentwicklungen bis hin zur Personalisierung von Marketingstrategien vielfältige Unterstützung erfahren, um ihre Effizienz zu steigern und ihre Wettbewerbsfähigkeit nachhaltig zu erhöhen.

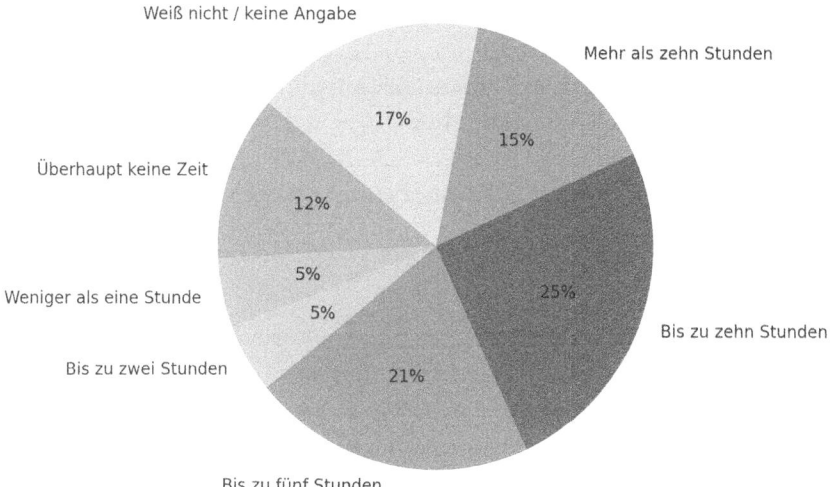

Abb. 1.3 Förderprogramme und Auswirkungen von KI auf Unternehmen und Arbeitswelt

Ein entscheidender Vorteil von KI ist ihre Fähigkeit, Prozesse zu automatisieren und zu personalisieren. Der Einsatz von KI in der Kundenkommunikation verbessert die Kundenbindung und führt zu langfristigen Beziehungen.

1.3.1 Wesentliche Anwendungsfelder für KI-Lösungen

Zu den Anwendungsbereichen der KI zählen unter anderem der Kundenservice und die Kommunikation.

- Chatbots und virtuelle Assistenten sind derzeit in aller Munde. Diese Technologien ermöglichen es Unternehmen, Kundenanfragen rund um die Uhr schnell und effizient zu bearbeiten.

- Personalisierung: KI-gestützte Systeme analysieren Kundendaten, um gezielte Marketingkampagnen und individuell abgestimmte Angebote zu entwickeln.
- Spracherkennung stellt für 43 % der Unternehmen ein aktuelles Betätigungsfeld dar. Die Kommunikation und Interaktion mit Kunden wird dadurch wesentlich erleichtert.

Die Automatisierung von Arbeitsabläufen stellt einen weiteren wichtigen Aspekt dar.

Prozessoptimierung:

- KI kann wiederkehrende Aufgaben automatisieren, beispielsweise die Bearbeitung von Bestellungen, die Rechnungsstellung oder die Verwaltung von Lieferketten.
- Im Bereich der Entscheidungsfindung setzen bereits 32 % der Unternehmen auf KI, um datenbasierte Entscheidungen schneller und präziser zu treffen.

Im Rahmen der Datenanalyse und des Text Mining werden Daten ausgewertet und interpretiert.

Die Analyse von Schriftsprache und Text Mining, auf die 30 % der Unternehmen zurückgreifen, ermöglicht eine optimierte Nutzung und Interpretation von Daten. Diese Technologien unterstützen Unternehmen dabei, Trends zu identifizieren, Risiken zu reduzieren und Innovationen voranzutreiben.

- Mitarbeiterführung und Personalentwicklung
- Performance-Analyse: Über die Auswertung von Daten können Unternehmen Erkenntnisse über das Verhalten und die Leistung ihrer Mitarbeiter gewinnen. Auf dieser Grundlage können Schulungen gezielt geplant und die individuelle Entwicklung gefördert werden.
- Mithilfe von KI-Tools lässt sich Mitarbeiterfeedback effektiv sammeln und auswerten, um die Arbeitsumgebung kontinuierlich zu optimieren.

• Recruiting: KI-Lösungen unterstützen bei der Analyse von Bewerbungen, der Identifikation geeigneter Kandidatinnen und Kandidaten und der damit einhergehenden Effizienzsteigerung im Rekrutierungsprozess.

Im Bereich von Produktion und Logistik können KI-Lösungen ebenfalls wertvolle Dienste leisten.
Predictive Maintenance: KI-Lösungen ermöglichen die kontinuierliche Überwachung von Maschinen und die präzise Vorhersage potenzieller Ausfälle. So können Wartungsarbeiten rechtzeitig durchgeführt und Produktionsausfälle zuverlässig vermieden werden.

• Die KI-gestützte Optimierung von Lieferketten umfasst die Planung von Routen, die Bestandsverwaltung ebenso wie die Logistikoptimierung, was Kosten einspart und die Effizienz steigert.

1.3.2 Die Bedeutung von KI in Kürze

Die dargestellten Zahlen und Anwendungsbeispiele verdeutlichen die wachsende Bedeutung von KI für Unternehmen, die in einer digitalisierten Welt erfolgreich bleiben wollen. KI ist nicht nur ein Instrument zur Optimierung bestehender Prozesse, sondern auch ein Impulsgeber für innovative Entwicklungen, siehe Abb. 1.4. Unternehmen, die KI gezielt in ihre Geschäftsprozesse integrieren, profitieren von folgenden Vorteilen:

Die Produktivität lässt sich durch den Einsatz von KI-Lösungen steigern, indem man Prozesse automatisiert.
Eine weitere wesentliche Verbesserung stellt die optimierte Kommunikation mit Kunden und Mitarbeitern dar.
Zu den weiteren Vorteilen zählen effizientere Entscheidungsprozesse, die auf präzisen Daten basieren.
Ein weiteres Ziel ist die Stärkung der Mitarbeiterbindung durch gezielte Personalentwicklung.

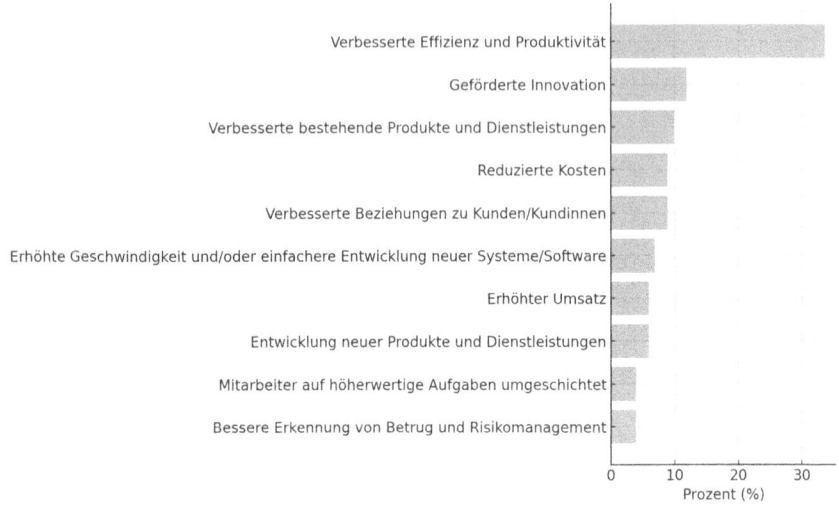

Abb. 1.4 Vorteile der KI-Integration in Unternehmensprozesse

1.4   Chancen und Herausforderungen der Implementierung von KI

1.4.1 Die Möglichkeiten der KI-Implementierung:

- Effizienzsteigerung:
  Die Automatisierung von Routineaufgaben reduziert den Zeitaufwand. Mitarbeiter können sich auf strategische Tätigkeiten konzentrieren.
- Bessere Entscheidungsfindung:
  KI analysiert Daten in Echtzeit und identifiziert Trends und Muster, die für Menschen schwer zu erkennen sind, und ermöglicht präzisere und datenbasierte Entscheidungen.
- Verbesserung des Kundenerlebnisses:
  Die Kundenansprache wird personalisiert, der Service durch Chatbots und virtuelle Assistenten wird verbessert und stärkt so die Kundenbindung.
- Innovation:

Unternehmen können neue Produkte und Dienstleistungen entwickeln, darunter intelligente Systeme zur Vorhersage von Kundenbedürfnissen und autonom arbeitende Maschinen.
* Wettbewerbsvorteile:
Unternehmen, die frühzeitig auf KI setzen, können sich als Vorreiter in ihrer Branche positionieren und Marktanteile gewinnen.

1.4.2 Herausforderungen bei der Implementierung von KI

* Integration in bestehende Systeme:
Die nahtlose Integration von KI in bestehende IT-Systeme und Prozesse stellt eine der größten Herausforderungen dar. In vielen Fällen ist eine Anpassung oder gar ein Ersatz älterer Systeme erforderlich, was mit einem beträchtlichen Zeit- und Kostenaufwand verbunden ist.
* Mitarbeiterakzeptanz und Qualifikation:
Mitarbeiter müssen die neuen Technologien verstehen und akzeptieren, um sie effektiv nutzen zu können. Mangelnde Schulungen oder die Angst vor Jobverlust können die Akzeptanz beeinträchtigen. Daher sind Schulungsprogramme und eine klare Kommunikation unabdingbar.
* Datensicherheit und Datenschutz:
Der Umgang mit sensiblen Daten erfordert höchste Sicherheitsstandards. Unternehmen sind verpflichtet, die Einhaltung von Datenschutzrichtlinien sicherzustellen und Daten vor Cyberangriffen zu schützen. Zu den wesentlichen Maßnahmen zählen Technologien wie Verschlüsselung, Zugriffskontrollen und regelmäßige Sicherheitsüberprüfungen.
* Ethische Herausforderungen:
Im Folgenden werden ethische Fragestellungen erörtert. Es gilt zu prüfen, ob die KI als fair und transparent zu bezeichnen ist. Werden die Entscheidungsprozesse für alle Beteiligten nachvollziehbar gestaltet?
* Rechtliche Unsicherheiten sind zu berücksichtigen. Unternehmen sind verpflichtet sicherzustellen, dass ihre KI-Anwendungen den gel-

tenden Gesetzen entsprechen. Dies betrifft insbesondere die Bereiche Diskriminierung, Haftungsfragen und Datenschutz.

* Kosten und Ressourcen:
Die Einführung von KI-Technologien ist mit hohen Investitionen verbunden, insbesondere wenn spezialisierte Fachkräfte und maßgeschneiderte Lösungen erforderlich sind. Für kleinere Unternehmen sind die finanziellen Hürden in der Regel höher als für Großkonzerne.
* Widerstand gegen Veränderung:
Unternehmen müssen eine Unternehmenskultur etablieren, die Innovationskraft fördert. Widerstand gegen Veränderungen kann die Einführung von KI verlangsamen oder gar scheitern lassen.

1.4.3 Voraussetzungen für eine erfolgreiche Implementierung von KI

Um die Potenziale von KI voll auszuschöpfen und etwaige Herausforderungen zu meistern, sollten Unternehmen folgende Maßnahmen ergreifen:

* eine strategische Planung, um klare Ziele und einen strukturierten Fahrplan für die Integration von KI zu definieren,
* eine transparente Kommunikation, um Mitarbeiter und Stakeholder frühzeitig über die Vorteile und Einsatzmöglichkeiten zu informieren,
* eine kontinuierliche Schulung. Weiterbildungsmaßnahmen für die Belegschaft fördern das Vertrauen und die Akzeptanz,
* Einhaltung von Standards: Unternehmen sollten ethische und rechtliche Vorgaben nicht nur einhalten, sondern auch aktiv fördern.

Pilotprojekte eignen sich besonders, neue Ideen und Konzepte zu testen und weiterzuentwickeln. Der Einsatz von KI in kleineren Projekten ermöglicht die Gewinnung von Erfahrungen und die Minimierung von Risiken, bevor eine flächendeckende Implementierung erfolgt.

Insgesamt geben KI-gestützte Automationen Unternehmen die Möglichkeit, ihre Effizienz zu steigern, innovative Lösungen zu entwickeln und ihre Wettbewerbsfähigkeit zu stärken. Eine sorgfältige Pla-

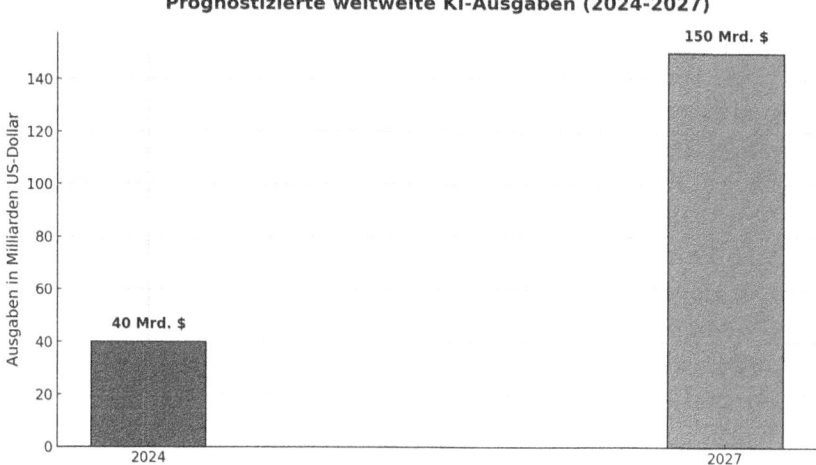

Künstliche Intelligenz (KI) treibt die Produktivität voran und erreicht 2027 ein Marktvolumen von über 150 Mrd. USD.
Die durchschnittliche jährliche Wachstumsrate (CAGR) beträgt 55,4 %.

Abb. 1.5 Künstliche Intelligenz treibt die Produktivität voran und erreicht bis 2027 ein Marktvolumen von über 150 Mrd. USD. Die durchschnittliche jährliche Wachstumsrate (CAGR) beträgt 55,4 %

nung, Schulung der Mitarbeitenden und die Einhaltung ethischer Standards sind wesentliche Faktoren, um die Chancen von künstlicher Intelligenz optimal zu nutzen und gleichzeitig die Herausforderungen erfolgreich zu meistern.

Abb. 1.5 verdeutlicht die prognostizierte Entwicklung des Investitionsvolumen der KI in den nächsten Jahren.[1]

Künstliche Intelligenz ist ein globales Phänomen, das von Staaten und Unternehmen weltweit vorangetrieben wird. Laut Stanford AI Report erreichten private KI-Investitionen 2022 rund 91,9 Mrd. US-Dollar und sollen bis 2028 auf 632 Mrd. US-Dollar steigen. Start-ups spielen eine zentrale Rolle und erhielten 2022 allein 42,5 Mrd. US-Dollar, wobei generative KI besonders im Fokus stand.[2]

---

[1] KI-Trends 2024 bei KMU von Channelnomics.

[2] https://www.techopedia.com/top-10-countries-leading-in-ai-research-technology.

Die führenden Länder:

1. USA: Spitzenreiter mit 60 % der weltweit führenden KI-Forscher und Investitionen in Unternehmen wie OpenAI (GPT-4). 2023 flossen 31 Mrd. US-Dollar in 1150 Deals.
2. China: Zweitgrößter Markt mit 95 Mrd. US-Dollar Investitionen (2022–2023) und führenden Unternehmen wie Tencent und Huawei.
3. UK: Drittgrößter KI-Markt weltweit, geprägt durch Start-ups wie DeepMind und Regierungspläne für ein 10-Milliarden-Dollar-Datenzentrum.
4. Israel: Führend in der Start-up-Kultur mit 144 generativen KI-Start-ups und 11 Mrd. US-Dollar Investitionen (2013–2022).
5. Kanada: 2,57 Mrd. US-Dollar flossen 2023 in KI-Forschung, mit Fokus auf verantwortungsvolle Entwicklung.
6. Frankreich: führend in der EU mit 338 Start-ups und Investitionen von 7 Mrd. US-Dollar.
7. Indien: Wachsende KI-Industrie mit 3,24 Mrd. US-Dollar Investitionen und der höchsten KI-Fähigkeitsrate unter G20-Staaten.
8. Japan: 4 Mrd. US-Dollar Investitionen (2013–2022) mit Fokus auf Robotik und generative KI.
9. Deutschland: bedeutender Akteur in Europa mit 245 Start-ups und Investitionen von 7 Mrd. US-Dollar.
10. Singapur: regionale Führungsrolle in Südostasien mit 5 Mrd. US-Dollar Investitionen und starkem KI-Ökosystem.

Diese Länder dominieren die KI-Forschung und -Entwicklung durch staatliche Förderung, private Investitionen und innovative Start-ups. Sie zeigen, dass KI der Schlüssel zu globaler Wettbewerbsfähigkeit ist. Unternehmen und Staaten, die diese Entwicklung nicht aufgreifen, riskieren langfristige Nachteile in der digitalen Wirtschaft.

2

Das Mindset als Schlüssel zur digitalen Transformation

Wie Offenheit und Flexibilität die digitale Zukunft gestalten

2.1 Was bedeutet „KI-Mindset"?

Ein KI-Mindset bezeichnet die innere Haltung, die notwendig ist, um Künstliche Intelligenz als Chance zu betrachten, sich den Herausforderungen zu stellen und aktiv an der digitalen Transformation teilzunehmen.

Welches sind nun die wesentlichen Elemente dieses KI-Mindset?

2.1.1 Neugier

Neugier stellt einen grundlegenden Aspekt des KI-Mindsets dar. Diese Offenheit äußert sich in der Bereitschaft, neue Technologien zu testen und zu erforschen. Personen mit einem ausgeprägten KI-Mindset

- zeigen aktives Interesse an KI-Entwicklungen,
- ergreifen proaktiv Maßnahmen, um KI-Tools in ihrem beruflichen Alltag einzusetzen,

---

Nicht die Technik verändert die Welt, sondern die Haltung der Menschen, die sie nutzen.

© Der/die Autor(en), exklusiv lizenziert an Springer Fachmedien Wiesbaden GmbH, ein Teil von Springer Nature 2025
M. Peukert, *KI-Mindset entwickeln*, https://doi.org/10.1007/978-3-658-47902-2_2

- stellen Fragen und forschen nach, um die Funktionsweise von KI besser zu verstehen,
- nutzen gerne verschiedene KI-Anwendungen, um deren Potenzial zu erkunden,
- sind stets offen für neue Technologien und deren Verständnis.

2.1.2 Flexibilität

Des Weiteren wird Flexibilität vorausgesetzt, d. h. die Bereitschaft, bestehende Prozesse zu überdenken und neue Arbeitsweisen zu integrieren. Im Kontext Künstlicher Intelligenz ist Flexibilität die Bereitschaft, bestehende Prozesse zu hinterfragen und neue Arbeitsweisen anzunehmen. Dies beinhaltet:

- die Kompetenz, traditionelle Methoden einer kritischen Prüfung zu unterziehen und gegebenenfalls durch KI-gestützte Lösungen zu ersetzen,
- die Bereitschaft, Arbeitsabläufe und Denkweisen anzupassen, um KI optimal zu integrieren,
- die Bereitschaft, von KI zu lernen und sich von ihr inspirieren zu lassen,
- die Fähigkeit, zwischen verschiedenen Aufgaben und KI-Tools zu wechseln, um eine optimale Lösung für die jeweilige Anforderung zu finden.

2.1.3 Resilienz

Mit Resilienz ist die Fähigkeit gemeint, auch in schwierigen Situationen die Kontrolle zu bewahren und erfolgreich zu agieren. Es geht darum, Unsicherheiten zu überwinden und Rückschläge oder anfängliche Fehler als Teil des Lernprozesses zu akzeptieren.

Resilienz im KI-Mindset umfasst den adäquaten Umgang mit Unsicherheiten ebenso wie die Akzeptanz von Rückschlägen und anfänglichen Fehlern als integralen Bestandteil des Lernprozesses. Dies umfasst:

* die Bereitschaft, aus Fehlern zu lernen und diese als Chancen zur Verbesserung zu betrachten,
* die Kompetenz, mit der Unvorhersehbarkeit und Komplexität von KI-Systemen adäquat umzugehen,
* die Fähigkeit, bei Herausforderungen nicht aufzugeben, sondern nach kreativen Lösungen zu suchen,
* die Akzeptanz, dass der Umgang mit KI ein kontinuierlicher Lernprozess ist.

2.1.4 Kreativität

Kreativität im KI-Mindset bedeutet, KI nicht nur als Werkzeug, sondern als Partner für Innovation zu betrachten. Dies beinhaltet:

* die Kompetenz, KI-Technologien in neuartiger und unerwarteter Weise einzusetzen,
* die Bereitschaft, KI als Quelle der Inspiration für neue Ideen und Lösungsansätze zu nutzen,
* die Fähigkeit, die Stärken von KI mit menschlicher Kreativität zu kombinieren, um innovative Lösungen zu entwickeln,
* die Fähigkeit, über disziplinäre Grenzen hinweg zu denken und KI in verschiedenen Kontexten einzusetzen.

2.2 Zusammenhang zwischen Mindset und Erfolg?

Die Einführung von Künstlicher Intelligenz erfordert nicht nur technologische Anpassungen, sondern auch einen grundlegenden mentalen Wandel. Menschen müssen bereit sein, gewohnte Denkweisen zu hinterfragen und sich auf neue Arbeitsmethoden einzulassen, um die Vorteile der Technologie vollständig ausschöpfen zu können. Dies erfordert nicht nur technisches Know-how, sondern vor allem Offenheit und Flexibilität in der Art und Weise, wie wir denken, arbeiten und Entscheidungen treffen.

Dabei geht es vor allem um die innere Haltung der Mitarbeitenden. Die Bereitschaft, KI als Unterstützung und Chance statt als Bedrohung zu betrachten, beeinflusst auch den Erfolg ihrer Implementierung. Ohne positives Mindset bleiben technologische Möglichkeiten oft ungenutzt, weil ihnen mit Skepsis oder sogar Ablehnung begegnet wird. Die Angst vor Veränderung – sei es durch den Verlust vertrauter Prozesse oder die Sorge, durch KI ersetzt zu werden – stellt ein großes Hindernis dar. Diese Ängste lassen sich überwinden, indem ein wachstumsorientiertes Mindset vermittelt wird, das nicht auf Defizite, sondern auf Potenziale fokussiert.

Menschen mit einem solchen sind in der Lage, Veränderungen nicht als Belastung, sondern als Chance zur persönlichen Weiterentwicklung zu betrachten. Wer offen für Neues ist, erkennt schnell die Vorteile, die KI mit sich bringt. Dazu zählen beispielsweise die Automatisierung repetitiver Aufgaben, wodurch mehr Zeit für strategische Tätigkeiten bleibt, sowie die Unterstützung bei der Analyse komplexer Daten, die fundiertere Entscheidungen ermöglicht. Diese neue Denkweise gibt Mitarbeitern das Vertrauen, dass KI keine Konkurrenz, sondern ein Werkzeug ist, das sie in ihrer Arbeit unterstützt und sogar neue Karrierechancen eröffnet.

Der mentale Wandel, den KI mit sich bringt, betrifft jedoch nicht nur Einzelpersonen, sondern die gesamte Unternehmenskultur. Ein wachstumsorientiertes Mindset fördert die Bereitschaft von Mitarbeitern, Verantwortung zu übernehmen, Neues auszuprobieren und Fehler als Lernchancen zu betrachten. Dies schafft eine Umgebung, in der Mitarbeiter bereit sind, sich einzubringen. Diese Haltung ist gerade dann von Vorteil, wenn Implementierung von KI nicht immer reibungslos verläuft. Rückschläge und Herausforderungen werden sich nicht vermeiden lassen. Mit einem starken Mindset lassen sie sich jedoch als Teil des Lernprozesses akzeptieren.

In einer Welt, die sich durch technologische Innovationen rasant verändert, wird das Mindset zu einem entscheidenden Wettbewerbsfaktor. Unternehmen, die ihre Mitarbeiter dabei unterstützen, ein positives Verhältnis zu KI zu entwickeln, legen den Grundstein für nachhaltigen Erfolg. Denn letztlich ist die Qualität der Technologie von den Fähigkeiten der Nutzer abhängig. Wer bereit ist, sich mental auf den Wandel einzulassen, wird in der Lage sein, die technischen Möglichkeiten von KI voll auszuschöpfen und sowohl die eigene Weiterentwicklung als auch die des Unternehmens voranzutreiben.

Hingegen stellt ein negatives Mindset eine der größten Hürden bei der erfolgreichen Einführung von Künstlicher Intelligenz in Unternehmen dar. Die Technologie allein kann Veränderungen nicht vorantreiben. Entscheidend ist die Bereitschaft der Mitarbeitenden, sie auch anzunehmen. Ein negatives Mindset führt in der Regel dazu, dass neue Technologien nicht optimal genutzt werden oder sogar Widerstand hervorrufen.

Die Einführung von KI ist daher nicht nur eine technologische Herausforderung, sondern erfordert auch eine mentale Anpassung. Ein negatives Mindset führt zu Widerstand, Skepsis und Stagnation. Ein positives Mindset hingegen eröffnet Chancen für Wachstum, Effizienz und Innovation. Unternehmen, die gezielt daran arbeiten, ein wachstumsorientiertes Mindset zu fördern, legen den Grundstein für eine erfolgreiche digitale Transformation und sichern sich langfristige Wettbewerbsvorteile. Der Fokus auf Weiterbildung, offene Kommunikation und eine unterstützende Unternehmenskultur verankert schließlich die Realisierung der Potenziale von KI im Unternehmen.

2.2.1 Nachteile eines negativen Mindsets

Widerstand

Die Einführung neuer Technologien wie KI löst bei vielen Mitarbeitern eine tief verwurzelte Angst vor Veränderung aus. Diese Befürchtungen resultieren häufig aus Unsicherheiten. Dazu zählen beispielsweise die Sorge, durch KI ersetzt zu werden, oder die Befürchtung, mit der neuen Technologie nicht umgehen zu können. Diese Ängste führen dazu, dass Mitarbeiter den Einsatz von KI bewusst oder unbewusst vermeiden – eine Haltung, die dazu führen kann, dass Innovationen nicht in vollem Umfang genutzt werden und Unternehmen die Potenziale der Technologie nicht voll ausschöpfen können. Die Aufgabe der Führungskräfte besteht darin, diesen Widerstand zu erkennen und durch geeignete Maßnahmen wie Schulungen oder offene Gespräche zu überwinden.

Mangelnde Akzeptanz
Eine weitere häufige Hürde ist die Skepsis gegenüber KI. Mitarbeiter, die den Nutzen der Technologie nicht erkennen, neigen dazu, deren Einsatz kritisch zu betrachten oder sogar abzulehnen. Sie hinterfragen, ob KI tatsächlich zu Verbesserungen führt, oder zweifeln an der Zuverlässigkeit der Ergebnisse. Eine fehlende Akzeptanz birgt das Risiko, dass wertvolle Ressourcen ungenutzt bleiben. Selbst modernste KI-Systeme können ihre volle Wirkung nur dann entfalten, wenn sie aktiv genutzt und in bestehende Prozesse integriert werden.

Stagnation
Unternehmen ohne wachstumsorientiertes Mindset laufen Gefahr, in alten Strukturen und Prozessen zu verharren. Anstatt sich aktiv auf neue Technologien einzulassen, werden altbewährte, aber inzwischen möglicherweise ineffiziente Methoden beibehalten mit der Folge, dass sich das Unternehmen langfristig auf einem Niveau einpendelt, das im Vergleich zu innovativeren Mitbewerbern als Stagnation wahrgenommen wird. Während andere Unternehmen durch den Einsatz von KI ihre Effizienz steigern und ihre Wettbewerbsfähigkeit verbessern, verlieren diejenigen mit einer ablehnenden Haltung gegenüber KI an Marktanteilen und Innovationskraft.

2.2.2 Vorteile eines positiven Mindsets

Ein positives Mindset ist hingegen die Grundlage für den Erfolg in einer sich wandelnden Arbeitswelt. Mitarbeiter und Führungskräfte, die offen und bereit für Veränderungen sind, fördern eine schnellere und effektivere Einführung neuer Technologien wie KI. Ein solches Mindset ist der entscheidende Faktor, um das volle Potenzial von KI ausschöpfen zu können. Ein positives Mindset bietet zahlreiche Vorteile:

- schnellere Anpassung
  Mitarbeiter und Führungskräfte, die neuen Technologien offen gegenüberstehen, passen sich diesen wesentlich schneller an. Sie sind bereit, sich mit KI auseinanderzusetzen, sie auszuprobieren und ihre Nutzung

in den Arbeitsalltag zu integrieren. Diese Flexibilität ermöglicht eine schnellere Einführung und sorgt dafür, dass Unternehmen schneller von den Vorteilen der KI profitieren können. Ein wachstumsorientiertes Mindset fördert zudem die Bereitschaft, sich kontinuierlich weiterzubilden und sich neuen Herausforderungen zu stellen.

• höhere Effizienz
Ein positives Mindset fördert die aktive Nutzung von KI-Möglichkeiten durch Mitarbeiter, um Arbeitsprozesse effizienter zu gestalten. KI kann repetitive Aufgaben automatisieren, Daten analysieren und so fundierte Entscheidungsgrundlagen liefern. Die Akzeptanz dieser Vorteile ermöglicht Unternehmen eine Optimierung ihrer Prozesse und eine bessere Nutzung ihrer Ressourcen. Die Mitarbeiter haben dadurch mehr Zeit für kreative und strategische Tätigkeiten, die einen höheren Mehrwert für das Unternehmen schaffen.

• Förderung von Innovation:
Teams, die bereit sind, mit KI zu experimentieren, entwickeln oft innovative Lösungen, die neue Maßstäbe setzen. Ein positives Mindset fördert die Bereitschaft, neue Wege zu gehen und Risiken einzugehen, um innovative Ansätze zu finden. Unternehmen, die eine solche Kultur der Offenheit fördern, stärken ihre Innovationskraft und verschaffen sich Wettbewerbsvorteile. Mitarbeiter, die sich mit KI wohlfühlen, identifizieren aktiv neue Anwendungsfälle und optimieren Prozesse.

2.2.3 Welcher Vorteil hat sich für Ihre Organisation durch die bisherigen generativen KI-Initiativen als am bedeutendsten erwiesen?

Die Abb. 2.1 gibt einen Überblick über die wichtigsten Vorteile, die Unternehmen mit dem Einsatz generativer KI erzielt haben. Die Mitte 2024 durchgeführte Umfrage basiert auf den Antworten von 2720 Teilnehmenden. Die Ergebnisse zeigen, dass die Verbesserung von Effizienz und Produktivität mit 34 % der am häufigsten genannte Nutzen ist. An zweiter Stelle steht die Förderung von Innovationen (12 %), gefolgt von der Verbesserung bestehender Produkte und Dienstleistungen (10 %).

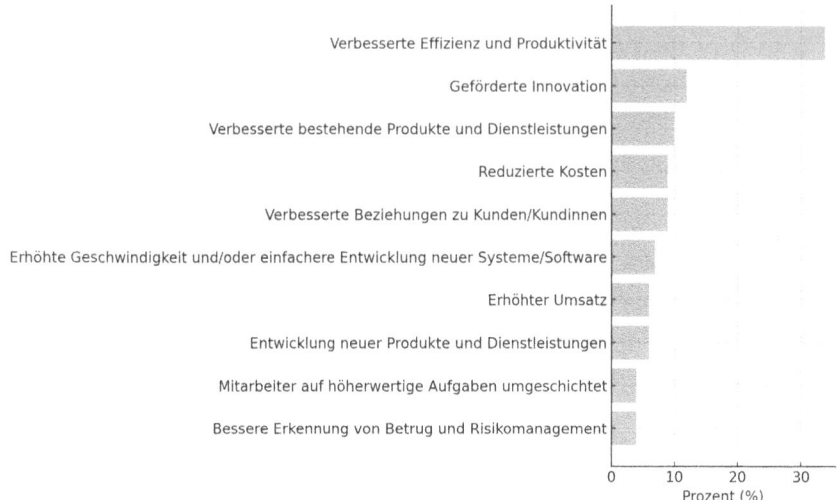

Abb. 2.1 https://www.deloitte.com/de/de/Industries/technology/research/ki-studie.
html

Die übrigen Vorteile verteilen sich auf weitere Aspekte wie Kostensenkung und stärkere Kundenbeziehungen.

2.3 Entwicklung eines positiven Mindsets

Es braucht ein positives Mindset, um die Vorteile von KI erfolgreich zu nutzen. Es gilt, Ängste abzubauen, Offenheit zu fördern und die Einstellung gegenüber Veränderungen zu transformieren. Für die Umsetzung dieses Prozesses sind gezielte Maßnahmen erforderlich, die sowohl auf individueller als auch auf Unternehmensebene durchgeführt werden können. Im Folgenden wird dargelegt, wie ein wachstumsorientiertes Mindset entwickelt und gefestigt werden kann.

* Förderung von Reflexion und Selbstbewusstsein
  Ein positiver Umgang mit KI erfordert zunächst eine bewusste Auseinandersetzung mit den eigenen Überzeugungen und Einstellungen. Die Reflexion über persönliche und berufliche Ziele im Kontext von KI ist die Basis für mentale Offenheit.

- Perspektivwechsel
Der erste Schritt zur Veränderung der Einstellung gegenüber KI ist eine kritische Hinterfragung der eigenen Haltung. Ein Perspektivenwechsel kann dazu beitragen, etwaige Ängste in Neugier und Offenheit zu verwandeln.

Beispiele für Reflexionsfragen
- „Bitte beschreiben Sie, welche Aufgaben durch KI erleichtert werden sollen."
- „Wie kann KI dazu beitragen, meine persönliche Entwicklung zu fördern?"
- „In welchen Bereichen könnte KI mir Zeit und Energie einsparen?"

Dieser Ansatz verdeutlicht, dass KI nicht als Konkurrenz, sondern als Werkzeug zu betrachten ist, das zu einer Entlastung und Unterstützung beitragen kann.

- Umdenken/Neubewertung:
Reframing bezeichnet die Umdeutung negativer Gedanken in positive. Es ist empfehlenswert, den Fokus nicht auf potenzielle Risiken, sondern auf die Chancen zu legen, die KI bietet.

Ein Beispiel für eine mögliche Umdeutung ist
Anstelle der Annahme, dass künstliche Intelligenz zu einer Substitution von Arbeitskräften führt, sollte die Möglichkeit in Betracht gezogen werden, dass KI eine Chance für neue Arbeitsfelder und Aufgabenbereiche darstellt.

- „KI gibt mir die Möglichkeit, mich auf wichtigere Aufgaben zu konzentrieren."

Durch diesen bewussten Perspektivenwechsel können Blockaden aufgelöst und eine konstruktive Einstellung aufgebaut werden.

2.3.1 Weiterbildung und Wissensaufbau

Der Aufbau eines positiven Mindsets in Unternehmen erfordert zunächst die Schaffung von Wissen und Verständnis über die Funktionsweise und die Vorteile von Künstlicher Intelligenz. Oftmals resultieren Widerstände und Ängste gegenüber KI aus mangelndem Wissen oder Unsicherheiten im Umgang mit der Technologie. Daher sind Weiterbildung und Wissensaufbau wesentliche Elemente, um Mitarbeiter und Führungskräfte auf die Einführung und Nutzung von KI vorzubereiten. Der Prozess lässt sich durch verschiedene Maßnahmen fördern, die sowohl das individuelle als auch das kollektive Lernen unterstützen.

Schulungen sind ein wirksames Instrument, um Mitarbeitern und Führungskräften die Grundlagen und Anwendungsmöglichkeiten von KI zu vermitteln. In regelmäßigen Workshops und Online-Kursen können sowohl technisches Wissen als auch ein Verständnis für die praktischen Einsatzbereiche von KI vermittelt werden. Diese Form der Weiterbildung sollte nicht nur die technologischen Aspekte abdecken, sondern auch die strategischen und ethischen Dimensionen von KI behandeln, um den Teilnehmern ein ganzheitliches Verständnis zu vermitteln.

Vorteile von Schulungen:

- Der Abbau von Berührungsängsten führt dazu, dass die Teilnehmer mehr Sicherheit im Umgang mit KI gewinnen und diese dadurch besser akzeptieren.
- Praxisnahe Wissensvermittlung: Schulungen bieten die Möglichkeit, KI-Tools und Anwendungen direkt auszuprobieren.
- Förderung der Eigeninitiative: Die Mitarbeiter werden ermutigt, eigene Ideen für den Einsatz von KI in ihrem Arbeitsbereich zu entwickeln.

Das Unternehmen organisiert eine Schulungsreihe, die aus einer Einführung in die Grundlagen von KI, der Anwendung von Machine Learning im Unternehmen und einem praktischen Workshop zur Nutzung eines spezifischen KI-Tools besteht. Beispiele für solche Tools sind Automatisierungssoftware sowie weitere Software zur Datenanalyse.

Unternehmen können neben internen Schulungsangeboten auch auf externe Weiterbildungsmöglichkeiten zurückgreifen. Dazu zählen beispielsweise Plattformen wie Coursera, Udemy oder spezielle Anbieter von KI-Trainings.

2.3.2 Mentoring-Programme

Neben klassischen Schulungen haben sich Mentoring-Programme als besonders wertvoll erwiesen, um Mitarbeitern den Einstieg in den Umgang mit KI zu erleichtern. Erfahrene Kolleginnen und Kollegen oder Führungskräfte übernehmen hierbei die Rolle von Mentorinnen und Mentoren, um ihr Wissen und ihre Erfahrungen zu teilen. Im Rahmen dieser persönlichen Betreuung können Fragen geklärt und Unsicherheiten abgebaut werden.

Die wesentlichen Vorteile von Mentoring-Programmen sind:

- Die individuelle Betreuung der Mitarbeiter stellt sicher, dass sie die für sie geeignete Unterstützung erhalten, die auf ihre spezifischen Bedürfnisse und Aufgaben abgestimmt ist.
- Förderung der Teamkultur: Mentoring trägt zu einer stärkeren Zusammenarbeit und einem besseren Austausch zwischen Kollegen bei.
- Nachhaltiger Wissenstransfer: Erfahrene Mitarbeiter geben ihr Wissen weiter und tragen dazu bei, dass KI-Kompetenzen im gesamten Unternehmen ausgebaut werden.

Als Beispiel kann Folgendes angeführt werden:

- Ein erfahrener Datenanalyst demonstriert seinem Team die Funktionsweise eines KI-gestützten Tools für prädiktive Analysen und steht den Kollegen in der ersten Phase der Nutzung als Ansprechpartner zur Verfügung. Dies fördert nicht nur das Vertrauen in die Technologie, sondern auch in deren praktische Anwendung.
- Mentoren sollten nicht nur technisches Wissen weitergeben, sondern auch ihre Erfahrungen im Umgang mit Herausforderungen und

Erfolgen beim Einsatz von KI teilen, um ihre Mentees bestmöglich zu unterstützen. Dies motiviert andere, eigene Projekte zu initiieren und kreativ mit der Technologie zu arbeiten.

2.3.3 Erfolgserlebnisse schaffen

Akzeptanz und Motivation werden durch positive Erfahrungen mit KI gefördert. Daher sollten erste Erfolge gezielt initiiert werden.

Im Rahmen der Einführung von KI sollten zunächst Pilotprojekte durchgeführt werden.

Es empfiehlt sich, die Einführung von KI zunächst in kleinen, überschaubaren Projekten zu starten, um deren Potenziale sichtbar zu machen. Pilotprojekte führen zu ersten Erfolgen, ohne dabei die gesamte Organisation zu überfordern.

- Eine offene Feedback-Kultur macht den Nutzen von KI transparent und belohnt Mitarbeiter für ihre Fortschritte.
- Positives Feedback und Anerkennung fördern die Motivation und das Vertrauen in neue Technologien.

Beispielsweise wird ein Mitarbeiter in einem Team-Meeting für die erfolgreiche Implementierung eines KI-gestützten Prozesses gelobt.

2.3.4 Fehler als Lernchance

Die Einführung von KI ist ein Prozess, der nicht immer fehlerfrei verläuft. Ein wachstumsorientiertes Mindset zusammen mit einer fehlerfreundlichen Kultur sind geprägt von einer positiven Fehlerkultur, in der Fehler nicht als Rückschläge wahrgenommen werden, sondern als Chancen, um zu lernen und sich zu verbessern.

Unternehmen sollten eine Unternehmenskultur etablieren, in der der Einsatz von KI-Technologien gefördert und ein experimentierfreudiges Umfeld geschaffen wird, in dem Fehler als Lernchancen betrachtet werden. Dadurch wird der Mut gefördert, Neues auszuprobieren, und die Angst vor Kritik als Innovationshemmer überwunden.

Ein Beispiel hierfür könnte sein:

Ein Team testet ein KI-Tool zur Datenanalyse. Die anfänglichen Ergebnisse sind nicht zufriedenstellend, sodass das Tool weiter optimiert wird.

Es ist wichtig, den Mut zu haben, auch einmal zu scheitern. Der Einsatz neuer Technologien sollte unabhängig vom Ergebnis positiv bewertet werden. Dies fördert das Vertrauen der Mitarbeitenden in die neuen Technologien und bestärkt sie darin, weitere Experimente mit KI zu wagen.

Als Beispiel kann folgender Vorgang gewählt werden:

Im Rahmen einer internen „Innovationswoche" testen verschiedene Teams die Einsatzmöglichkeiten von KI-Tools und präsentieren die Ergebnisse. Dabei ist es unerheblich, ob die Tests erfolgreich verlaufen sind oder nicht.

2.4 Die Rolle von Führungskräften im Rahmen der Förderung einer positiven Unternehmenskultur

Führungskräfte tragen eine wesentliche Verantwortung für die Förderung eines positiven Mindsets im Unternehmen. Sie sind nicht nur Vorbilder für ihre Teams, sondern auch Vermittler zwischen technologischen Innovationen und den Menschen, die mit ihnen arbeiten. Ein positives Mindset kann nicht von außen erzwungen werden. Es entwickelt sich durch Inspiration, offene Kommunikation und die Bereitschaft, Veränderungen aktiv zu gestalten. Führungskräfte sind maßgeblich daran beteiligt, eine Unternehmenskultur zu etablieren, die Offenheit für KI und Innovationen fördert.

Wie können Führungskräfte ihr eigenes Mindset anpassen?
Führungskräfte müssen zunächst ihre eigene Haltung und Einstellung gegenüber KI reflektieren und gegebenenfalls anpassen, um ihre Teams

inspirieren zu können. Ein wachstumsorientiertes Mindset muss von den Entscheidungsträgern im Unternehmen vorgelebt werden, um auf alle Bereiche des Unternehmens auszustrahlen.

1. Lernen durch Tun:
   Führungskräfte müssen selbst aktiv mit KI arbeiten, um deren Potenziale und Grenzen zu verstehen und sie im Sinne des Unternehmens gewinnbringend nutzen zu können. Nur aus eigener Erfahrung können sie glaubwürdig vermitteln, wie die Technologie genutzt werden kann und welche Vorteile sie bietet. Dieses praktische Wissen befähigt Führungskräfte, ihre Mitarbeiter gezielt anzuleiten und etwaige Hindernisse abzubauen.

   • Beispiel:
     Ein CEO testet KI-gestützte Analysen, um auf Basis von Daten fundierte Entscheidungen zu treffen. Durch die eigene Nutzung der Technologie erkennt er das Potenzial, Entscheidungsprozesse zu beschleunigen und zu fundieren. Diese Erfahrung teilt er mit seinem Team und motiviert es, ähnliche Tools in ihrer Arbeit zu testen.

2. Offene Kommunikation:
   Offenheit schafft Vertrauen in einem Team. Führungskräfte sollten ihre eigenen Unsicherheiten im Umgang mit neuen Technologien offen kommunizieren, um den Mitarbeitern zu demonstrieren, dass anfängliche Schwierigkeiten etwas völlig Normales sind. So wird ein Umfeld geschaffen, in dem Mitarbeiter sicher sind, Fragen stellen und Fehler machen zu dürfen.

   • Beispiel der Vorgehensweise:
     Ein Abteilungsleiter gibt in einer Teamsitzung zu Protokoll: „Auch ich musste mich erst an KI gewöhnen, aber mittlerweile sehe ich, wie sie mir hilft, meine Arbeit effizienter zu gestalten." Damit zeigt er, dass Unsicherheiten akzeptiert werden und ermutigt andere, offen mit ihren Herausforderungen umzugehen.

3. Mut zur Veränderung:
   Gerade die Infragestellung traditioneller Prozesse und Strukturen erfordert von Führungskräften, die für die Stabilität eines Unternehmens verantwortlich sind, großen Mut. Doch nur wer bereit ist, bewährte

Methoden zugunsten innovativer Ansätze zu überdenken, kann den Wandel erfolgreich vorantreiben. Führungskräfte müssen nicht nur Veränderungen unterstützen, sondern auch aktiv vorleben.

* Beispiel des Sachverhalts:
  Ein CFO entscheidet sich dafür, die Budgetplanung mit KI-gestützten Prognosetools durchzuführen, auch wenn dies zunächst auf Widerstand stößt. Nach der erfolgreichen Implementierung verdeutlicht er den Mitarbeitern den Nutzen der Tools, die nicht nur Zeit sparen, sondern auch die Genauigkeit der Planung verbessern.

2.5 Strategien für Unternehmen: ein positives Mindset fördern

Ein positives Mindset gegenüber Künstlicher Intelligenz kann nicht vorausgesetzt werden. Unternehmen müssen daher gezielt Strategien entwickeln, um ihre Mitarbeiter für die Möglichkeiten der Technologie zu sensibilisieren und zu begeistern. Diese Strategien zielen darauf ab, Ängste abzubauen, den Nutzen von KI zu verdeutlichen und eine Kultur des Lernens und der Offenheit zu etablieren. Im Folgenden werden Ansätze vorgestellt, die dabei helfen, ein wachstumsorientiertes Mindset im Unternehmen zu fördern:

Einführung von Mindset-Workshops
Workshops sind ein effizientes Instrument, um Mitarbeitern die Vorteile von KI zu vermitteln und ihnen die Möglichkeit zu geben, ihre Bedenken und Unsicherheiten offen zu äußern. Diese interaktiven Formate fördern den Austausch von Wissen und Erfahrungen und schaffen eine Atmosphäre, in der Fragen erlaubt und erwünscht sind.

Ziele eines Mindset-Workshops
* Im Rahmen des Workshops erfolgt eine Aufklärung über die Funktionsweise von KI sowie deren Anwendungsbereiche.
* Der Abbau von Ängsten erfolgt in gezielten Diskussionen und Praxisbeispielen.
* Neugier und Interesse an der Technologie werden gefördert.

- Als Beispiel kann hier Folgendes genannt werden:
- Im Rahmen einer interaktiven Veranstaltung können Mitarbeiter praktische Übungen mit einem KI-Tool durchführen. Sie erlernen den Einsatz der Technologie zur Automatisierung repetitiver Aufgaben und erkennen den direkten Nutzen für ihre tägliche Arbeit.

1. Erfolgsbeispiele teilen

Konkrete Erfolgsgeschichten sind ein überzeugendes Argument. Das Teilen von Best Practices aus der eigenen Branche demonstriert, wie KI erfolgreich eingesetzt werden kann, und dient als Inspiration für Mitarbeiter, ähnliche Ansätze für ihren Arbeitsbereich zu entwickeln. Die genannten Beispiele machen abstrakte Konzepte greifbarer und helfen, etwaige Vorbehalte zu überwinden.

Beispiel:

Ein Produktionsunternehmen berichtet über die erfolgreiche Implementierung von KI-Technologien bei einem Wettbewerber, wodurch die Qualitätssicherung optimiert und die Fehlerquote um 20 % reduziert werden konnte. Solche Erfolgsgeschichten motivieren Mitarbeiter, selbst neue Technologien zu testen.

2. Gemeinschaftliche Ziele setzen:

Die gemeinsame Definition von Zielen fördert das Engagement und die Akzeptanz von KI im Unternehmen. Die Ziele sollten klar, messbar und auf die Vorteile von KI ausgerichtet sein. Durch die Fokussierung aller Mitarbeiter auf ein gemeinsames Ziel wird der Nutzen der Technologie für das Unternehmen und den Einzelnen deutlich.

Anhand eines Beispiels soll die Vorgehensweise erläutert werden:

„Unser Ziel ist es, bis Ende des Jahres 30 % der Routineaufgaben durch KI zu automatisieren." Das genannte Ziel verdeutlicht nicht nur den Wert der Technologie, sondern auch deren Nutzen für die Mitarbeiterinnen und Mitarbeiter.

3. Belohnungssysteme schaffen

Anreize sind ein effizientes Instrument, um die Motivation der Mitarbeitenden zu fördern und ihren Einsatz für KI-Initiativen zu honorieren. Als Anreize können finanzielle Zuwendungen oder auch andere For-

men der Anerkennung und Wertschätzung dienen, damit die Mitarbeiter das Gefühl haben, dass ihr Beitrag geschätzt wird.
Beispiele:

- Für die erfolgreiche Umsetzung eines KI-Projekts durch ein Team wird eine finanzielle Prämie ausgeschüttet.
- Mitarbeiter, die Schulungen oder Workshops erfolgreich abschließen, erhalten ein Zertifikat.
- Die Anerkennung erfolgt in Form von „Innovationspreisen" oder öffentlichem Lob während der Team-Meetings.

2.6 Übungen zur Förderung eines positiven Mindsets

2.6.1 Mindset-Check

Ein Mindset-Check ist eine effektive Methode, um die eigenen Überzeugungen und Einstellungen gegenüber KI zu reflektieren und zu bewerten. Durch die aktive Auseinandersetzung mit den eigenen Gedanken können mögliche Blockaden identifiziert und bewusst in eine positive Richtung gelenkt werden.
Bitte stellen Sie sich die folgenden Fragen:

- „Welche Vorteile bietet KI für mein Unternehmen?"
  Die Frage lenkt den Fokus auf die Chancen und Möglichkeiten, die KI bietet. Bitte überlegen Sie, wie die Technologie Ihren Arbeitsalltag erleichtern, Prozesse beschleunigen oder neue kreative Ansätze fördern könnte.
- „Welche Hindernisse stehen einer aktiven Nutzung von KI entgegen?"
  Die Beantwortung dieser Frage hilft, etwaige Unsicherheiten oder Ängste bewusst zu machen. Notieren Sie Ihre Antworten und analysieren Sie, ob diese Bedenken begründet sind oder durch Schulungen oder praktische Erfahrungen ausgeräumt werden können.

Bitte notieren Sie Ihre Antworten.

Die schriftliche Reflexion bringt Klarheit über blockierende Überzeugungen. Gleichzeitig bietet sie die Möglichkeit, konkrete Maßnahmen zur Überwindung dieser Hindernisse zu planen.

2.6.2 Team-Challenge

Bei einer Team-Challenge handelt es sich um eine spielerische und kollaborative Übung, bei der Teams neue KI-Tools ausprobieren und ihre Ergebnisse präsentieren. Diese Methode fördert nicht nur das Lernen, sondern auch den Austausch und die Zusammenarbeit innerhalb des Teams.
Wie ist der Ablauf einer Team-Challenge?

• Im ersten Schritt wird das Ziel definiert. Bitte geben Sie dem Team eine spezifische Aufgabe, die mit einem KI-Tool gelöst werden soll, beispielsweise die Erstellung einer Marketingkampagne mit einem KI-Tool.
• Im Anschluss präsentieren die Teams ihre Ergebnisse, erläutern den Einsatz der KI und teilen ihre Erfahrungen.
• Anerkennung: Belohnen Sie kreative oder innovative Ansätze, um die Motivation der Mitarbeiter zu fördern.

Die Vorteile der Team-Challenge sind:

• Die Team-Challenge fördert die Experimentierfreude und Neugier.
• Gemeinsame Erfahrungen tragen dazu bei, etwaige Unsicherheiten abzubauen.
• Es wird angeregt, KI als Werkzeug für Problemlösungen zu betrachten.

2.6.3 Lern-Tagebuch

Ein Lern-Tagebuch ist ein effektives Instrument zur Dokumentation persönlicher Fortschritte bei der Nutzung von KI. Diese Übung dient nicht nur der Reflexion, sondern auch der Visualisierung der Entwicklung des eigenen Wissens und der Anwendungskompetenzen im Laufe der Zeit.

Wie ist der Ablauf zur Führung eines Lern-Tagebuchs?

* Tägliche Einträge sind erforderlich. Bitte dokumentieren Sie Ihre Lernfortschritte und Erfahrungen im Umgang mit KI im Rahmen eines täglichen Eintrags. Beispiel: „Heute habe ich ein KI-Tool zur Sortierung meiner E-Mails eingesetzt. Dadurch konnte ich wertvolle Zeit einsparen."
* Halten Sie fest, welche Herausforderungen Sie bewältigt haben und welche positiven Ergebnisse Sie erzielt haben. Beispiel: „Anfangs gab es Schwierigkeiten bei der Einrichtung, nach dem dritten Versuch hat es jedoch reibungslos funktioniert."
* Formulieren Sie Ihre Ziele klar und deutlich. Bitte definieren Sie, welche Aspekte von KI Sie als Nächstes lernen oder vertiefen möchten.

Ein Lern-Tagebuch bietet Ihnen folgende Vorteile:

* Es fördert das Bewusstsein für eigene Fortschritte.
* Die Aussicht auf sichtbare Erfolge motiviert zusätzlich.
* Es fördert die kontinuierliche Weiterentwicklung.

2.7   Welche Unternehmen setzen bereits auf Mindset-Training?

Die Bedeutung eines positiven Mindsets für den Erfolg in der digitalen Transformation ist in vielen Unternehmen erkannt worden, sodass sie entsprechende Trainings für die Mitarbeiter durchführen. Im Folgenden finden Sie einige Beispiele:

2.7.1   Das Unternehmen ist im Technologiebereich tätig

Microsoft
Unter der Führung von CEO Satya Nadella hat Microsoft einen umfassenden Kulturwandel vollzogen, der auf einem „Growth Mindset" ba-

siert.[1] Die Mitarbeiter werden dazu ermutigt, aus Fehlern zu lernen, Risiken einzugehen und sich kontinuierlich weiterzuentwickeln. Das Unternehmen hat seine Bewertungssysteme angepasst, um Teamarbeit und kontinuierliches Lernen zu fördern. Dadurch werden individuelle Leistungen nicht länger priorisiert.

Google
Die „Google Zukunftswerkstatt" ist ein kostenloses Trainingsangebot von Google, das darauf abzielt, digitale Kompetenzen zu fördern und ein wachstumsorientiertes Mindset zu entwickeln.

2.7.2 Softwareunternehmen

SAP
Der deutsche Softwarekonzern bietet seinen Mitarbeitern regelmäßige Schulungen und Workshops an, um ein agiles und wachstumsorientiertes Mindset zu fördern. Dies ist ein Element der unternehmensweiten Strategie zur digitalen Transformation.

2.7.3 Industrieunternehmen/Automotive

Bosch
Im Rahmen der digitalen Transformation bietet Bosch Mindset-Trainings an, um die Belegschaft auf die Herausforderungen der Industrie 4.0 vorzubereiten. Das Unternehmen unterstreicht die Relevanz eines offenen und flexiblen Denkens für die Generierung von Innovationen.

Daimler
Der Automobilhersteller investiert in Programme, die darauf abzielen, die Innovationsfähigkeit der Mitarbeiter durch ein offenes und flexibles Mindset zu steigern. Daimler fördert eine Kultur des lebenslangen Lernens und der Anpassungsfähigkeit.

---

[1] https://www.adeccogroup.com/future-of-work/latest-insights/what-can-we-learn-from-microsofts-growth-mindset-culture.

Auswirkungen und Bedeutung:

Diese Unternehmen haben erkannt, dass technologische Fortschritte allein nicht ausreichen, um sich am Markt zu behaupten. Nur mit einem entsprechenden Mindset der Mitarbeitenden können Veränderungen erfolgreich implementiert und nachhaltige Wettbewerbsvorteile gesichert werden.[2] Die Einführung eines Growth Mindsets kann zu beeindruckenden Ergebnissen führen, wie das Beispiel Microsoft zeigt. Das Unternehmen hat seine Innovationskraft zurückgewonnen und eine Reihe von wegweisenden Produkten und Dienstleistungen auf den Markt gebracht.[3]

Diese Unternehmen fördern eine Kultur des kontinuierlichen Lernens, der Offenheit für neue Ideen und der Bereitschaft, aus Fehlern zu lernen. Damit bereiten sie ihre Mitarbeiterinnen und Mitarbeiter auf die Herausforderungen der digitalen Zukunft vor und schaffen die Grundlage für langfristigen Erfolg in einer sich schnell verändernden Geschäftswelt.

Die digitale Transformation stellt Unternehmen nicht nur vor technische, sondern auch vor mentale Herausforderungen. Ein wachstumsorientiertes Mindset auf individueller und unternehmerischer Ebene ist absolut erforderlich, um den Wandel erfolgreich zu meistern. Führungskräfte, die als Vorbilder vorangehen und eine positive Kultur fördern, legen den Grundstein für Innovation, Resilienz und nachhaltigen Erfolg in der digitalen Welt.

Ein geeignetes Mindset ist nicht nur von Vorteil, sondern unerlässlich.

---

[2] https://www.itonics-innovation.com/blog/microsoft-growth-mindset.
[3] https://tomasherzberger.net/blog/das-growth-mindset-wie-satya-nadella-microsofts-unternehmenskultur-neu-definiert-hat.

3

Effizienzsteigerung durch Automationen

Die Rolle der Automatisierung in der Prozessoptimierung

Die erfolgreiche Implementierung von KI-gestützten Automationen in Unternehmen erfordert eine strategische Herangehensweise sowie eine klare Vision. Um die Effizienz und Wettbewerbsfähigkeit zu steigern, sollten Unternehmen die folgenden Empfehlungen berücksichtigen:

- Untersuchung der aktuellen Geschäftsprozesse im Rahmen der Analyse
  Vor der Implementierung KI-gestützter Automationen ist eine gründliche Analyse der bestehenden Geschäftsprozesse unerlässlich. So lassen sich Schwachstellen identifizieren und Bereiche ermitteln, in denen Automationen den größten Nutzen haben könnten.
- Definition klarer Zielsetzungen
  Unternehmen sollten Zielsetzungen für die Implementierung von KI-gestützten Automationen festlegen. Egal, ob Sie die Produktivität steigern, die Kundenkommunikation verbessern oder Kosten reduzieren möchten – klare Ziele helfen Ihnen dabei, den Erfolg der Automationen zu messen.
- Investition in Schulungen und Weiterbildung

Automatisierung schafft Freiraum für das, was wirklich zählt.

© Der/die Autor(en), exklusiv lizenziert an Springer Fachmedien Wiesbaden GmbH, ein Teil von Springer Nature 2025
M. Peukert, *KI-Mindset entwickeln*, https://doi.org/10.1007/978-3-658-47902-2_3

Die Implementierung KI-gestützter Automationen bedingt Veränderungen im Arbeitsumfeld. Um die Mitarbeiter auf die neuen Anforderungen vorzubereiten, sind Schulungen und Weiterbildungsmaßnahmen unerlässlich, die sicherstellen, dass Mitarbeiter die neuen Technologien effektiv nutzen und das volle Potenzial der Automationen ausschöpfen können.

- Kommunikation und Change Management
  Kommunizieren Sie offen und transparent mit den Mitarbeitern, um ein effektives Change Management zu implementieren, Widerstände zu überwinden und die Akzeptanz für die neuen Technologien zu fördern.
- Kontinuierliches Monitoring und fortlaufende Optimierung
  Nach der Implementierung von KI-gestützten Automationen ist eine kontinuierliche Überwachung und Optimierung der Prozesse unerlässlich. Durch regelmäßiges Monitoring können Unternehmen Schwachstellen identifizieren und entsprechende Verbesserungen vornehmen, um die Effizienz der Automationen langfristig zu gewährleisten.

Die erfolgreiche Implementierung von KI-gestützten Automationen in Unternehmen ist ein kontinuierlicher Prozess, der eine ganzheitliche Strategie erfordert. Unternehmen, die diese Empfehlungen berücksichtigen und gezielt umsetzen, können die Vorteile der Automationen voll ausschöpfen und ihre Wettbewerbsfähigkeit in der Geschäftswelt nachhaltig stärken.

3.1 Welche Unternehmen haben bereits Erfahrungen mit einer flexiblen Einführung von KI gesammelt?

Es gibt mehrere Beispiele für Unternehmen, die bei der Einführung von KI eine gewisse Flexibilität an den Tag gelegt haben.

- Google und Meta: Trotz signifikanter Personalabbau-Maßnahmen konnten beide Unternehmen ihren Umsatz pro Mitarbeiter deutlich steigern. Google optimierte seine Arbeitsprozesse durch den Einsatz künstlicher Intelligenz, was zu einer erheblichen Steigerung der Produktivität führte. Das Unternehmen Meta konnte seinen Umsatz pro Mitarbeiter sogar verdoppeln.[1]

- Klarna: Das Fintech-Unternehmen hat künstliche Intelligenz erfolgreich in verschiedene Geschäftsprozesse integriert. Die Implementierung von KI-gestützten Chatbots für den Kundenservice führte zu einer Reduzierung der Arbeitslast für menschliche Mitarbeiter. Die Betrugserkennung wurde durch den Einsatz von maschinellem Lernen optimiert, um Transaktionen in Echtzeit zu überwachen und verdächtige Aktivitäten sofort zu identifizieren.[2]
- Zoom: Der Videokonferenzanbieter hat in die KI-Integration investiert, um seine Dienstleistungen zu optimieren. Der Einsatz von KI im Kundensupport dient der Optimierung des Service und der Verbesserung der Kundenerfahrung. Die Nutzung von KI dient der Steigerung der betrieblichen Effizienz.[3]
- Das Beratungsunternehmen Accenture setzt KI-Lösungen zur Prozessoptimierung und Automatisierung ein. Die Analyse von Geschäftsprozessen erfolgt durch den Einsatz von KI-Systemen.
- Identifizierung von Engpässen – Entwicklung von Lösungen zur Effizienzsteigerung

Ein mittelständisches Unternehmen aus der Produktion
Im Rahmen der digitalen Transformation wird ein KI-System zur vorausschauenden Wartung von Maschinen implementiert.

Das System identifiziert anhand akustischer Impulse den optimalen Zeitpunkt für Wartungsarbeiten.

Die Finanzierung der technischen Ausrüstung erfolgt durch eine Förderung des beteiligten Start-ups.

---

[1] https://www.hco.de/blog/wie-kunstliche-intelligenz-die-effizienz-und-profitabilitat-von-unternehmen-revolutioniert-erfolge-von-google-meta-klarna-und-zoom.

[2] https://www.hco.de/blog/wie-kunstliche-intelligenz-die-effizienz-und-profitabilitat-von-unternehmen-revolutioniert-erfolge-von-google-meta-klarna-und-zoom.

[3] https://www.hco.de/blog/wie-kunstliche-intelligenz-die-effizienz-und-profitabilitat-von-unternehmen-revolutioniert-erfolge-von-google-meta-klarna-und-zoom.

Die dargestellten Beispiele veranschaulichen, wie Unternehmen unterschiedlicher Größe und Branchen die Herausforderungen der KI-Einführung flexibel bewältigt und davon profitiert haben. Sie haben ihre Strukturen angepasst, in Weiterbildung investiert und KI-Fähigkeiten in ihre bestehenden Prozesse integriert, um die Effizienz und Wettbewerbsfähigkeit zu steigern.

3.2 Automatisierung wiederkehrender Prozesse

Die Automatisierung von wiederkehrenden Prozessen ist ein entscheidender Schritt auf dem Weg zur Effizienz in der Unternehmenswelt. In Zeiten der Digitalisierung und des stetigen Wandels müssen Unternehmen Wege finden, um repetitive Aufgaben zu optimieren und Ressourcen freizusetzen. KI-gestützte Automationen bieten hier innovative Lösungen, die Unternehmen dabei unterstützen, ihre Prozesse zu verschlanken, Kosten zu senken und ihre Wettbewerbsfähigkeit zu stärken.

3.2.1 Vorteile der Automatisierung

Die Implementierung von Automatisierungen ermöglicht es Unternehmen, Zeit und Kosten zu sparen, indem Routineaufgaben von intelligenten Systemen übernommen werden. So können Mitarbeiter sich auf anspruchsvollere Aufgaben konzentrieren, die kreatives Denken und menschliche Expertise erfordern. Dies steigert nicht nur die Produktivität, sondern verbessert auch die Zufriedenheit der Mitarbeiter, da sie sich besser entfalten können.

Einsatzbereiche in Unternehmen:

3.2.1.1 Geschäftskommunikation

Chatbots: Kundenanfragen können in Echtzeit beantwortet werden, wodurch der Kundenservice verbessert und die Reaktionszeit verkürzt wird.

KI-Telefonie: Moderne KI-basierte Telefonsysteme, wie sie in vielen Unternehmen bereits im Einsatz sind, können Anrufe entgegennehmen, Anliegen analysieren und direkt an die zuständigen Abteilungen weiterleiten, umfangreiche Unternehmensfragen beantworten, PDF versenden und vieles mehr.

3.2.1.2 KI-Agent „Copilot"

Microsoft hat mit Copilot, einem KI-Agenten innerhalb von Microsoft 365, eine bahnbrechende Lösung zur Automatisierung von Prozessen eingeführt.

• Automatisierung von Dokumentenbearbeitung: Copilot kann Texte zusammenfassen, wichtige Punkte extrahieren und Vorschläge für Optimierungen machen.
• Meeting-Protokolle: Der KI-Agent erstellt automatisch Protokolle aus Besprechungen, hebt Schlüsselthemen hervor und identifiziert To-dos.
• E-Mail-Management: Copilot kann E-Mails automatisch kategorisieren, Prioritäten setzen und Antworten vorschlagen.
• Datenanalyse: Innerhalb von Excel analysiert Copilot Daten, generiert Grafiken und liefert Erkenntnisse in Sekundenschnelle.

3.2.1.3 Finanz- und Verwaltungsprozesse

• Rechnungsautomatisierung: Systeme erstellen, versenden und verfolgen Rechnungen automatisch.
• Berichterstellung: KI-Tools generieren Analysen und Berichte auf Basis von Echtzeit-Daten.

3.2.1.4 Produktion und Logistik

• Bestandsmanagement: Automatisierte Systeme überwachen Lagerbestände und lösen Nachbestellungen aus.
• Transportoptimierung: KI-basierte Tools optimieren Routen und sparen Zeit und Kosten.

3.2.1.5   Personalwesen

- Rekrutierung: Bewerbungen werden durch KI-Algorithmen analysiert und passende Kandidaten identifiziert.
- Mitarbeiter-Onboarding: Automatisierte Prozesse erleichtern den Einstieg neuer Mitarbeiter durch Checklisten und digitale Schulungsmaterialien.

3.2.1.6   Herausforderungen bei der Implementierung

Die Einführung von Automatisierungen, einschließlich des KI-Agenten Copilot, erfordert jedoch sorgfältige Planung:

- Schulung der Mitarbeiter: Mitarbeiter müssen lernen, die neuen Tools wie Copilot effektiv zu nutzen.
- Technische Integration: Die Implementierung von KI-Technologien muss nahtlos in bestehende Workflows integriert werden.
- Akzeptanz schaffen: Widerstände gegen neue Technologien können durch transparente Kommunikation und Einbindung der Belegschaft abgebaut werden.

3.2.2   Automationen

Abb. 3.1 zeigt die führenden Branchen im weltweiten Einsatz von Industrierobotern im Jahr 2022, basierend auf einer Analyse von Statista.

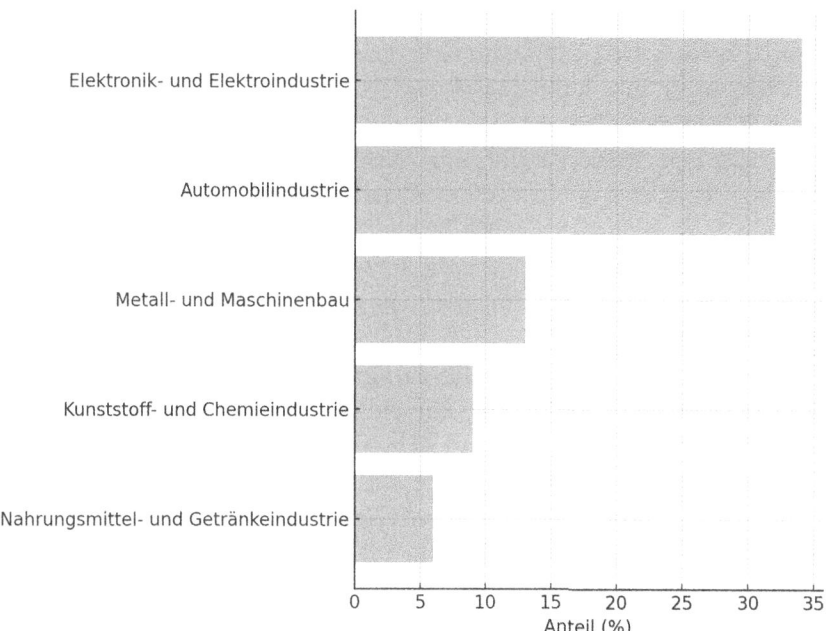

Abb. 3.1 Statista, 2022

3.3 Die Zusammenarbeit von Mensch und Maschine

Die Zusammenarbeit von Mensch und Maschine eröffnet Unternehmen die Chance, ihre Prozesse zu optimieren und ihre Wettbewerbsfähigkeit zu steigern. Der Einsatz KI-gestützter Automationen ermöglicht die Automatisierung repetitiver Aufgaben, wodurch Ressourcen für die Bearbeitung wichtigerer Aufgaben freigesetzt werden. So können Unternehmen ihre Prozesse optimieren und ihre Mitarbeiter auf wertschöpfende Tätigkeiten fokussieren.

Ein weiterer wesentlicher Aspekt der Zusammenarbeit von Mensch und Maschine ist die Optimierung der internen und externen Unternehmenskommunikation. Der Einsatz von KI-Tools ermöglicht Unternehmen eine Optimierung und Personalisierung ihrer Kommunikationsprozesse. Dies führt zu einer Stärkung der Kundenbeziehungen und einer

Erhöhung der Kundenzufriedenheit. Des Weiteren können Unternehmen besser auf die Bedürfnisse ihrer Kunden eingehen und schnell auf Veränderungen im Markt reagieren.

Die Zusammenarbeit von Mensch und Maschine erfordert jedoch auch eine angepasste Mitarbeiterführung. Unternehmen müssen sicherstellen, dass ihre Mitarbeiter über die erforderlichen Fähigkeiten und Kompetenzen verfügen, um erfolgreich mit KI-Technologien zusammenzuarbeiten. Nur eine offene Unternehmenskultur, die Innovation und lebenslanges Lernen fördert, kann den Wandel erfolgreich gestalten und die Mitarbeiter auf die Herausforderungen der digitalen Transformation vorbereiten.

Insgesamt eröffnet die Kollaboration von Mensch und Maschine Unternehmen die Möglichkeit, ihre Effizienz zu steigern, ihre Wettbewerbsfähigkeit zu verbessern und sich erfolgreich im digitalen Zeitalter zu positionieren. Unternehmen, die diese Entwicklung aktiv vorantreiben und ihre Mitarbeiter auf diesem Weg mitnehmen, werden langfristig erfolgreich sein und von den Vorteilen der KI-gestützten Automationen in vollem Umfang profitieren. Die Stärken von Mensch und Maschine müssen kombiniert werden. Die Zusammenarbeit von Mensch und Maschine bietet die Möglichkeit, die jeweiligen Stärken optimal zu nutzen.

Zu den Stärken des Menschen zählen insbesondere seine Kreativität und Entscheidungsfähigkeit, die es ihm ermöglichen, auf Basis von emotionaler Intelligenz, strategischem Denken und der Fähigkeit zur Problemlösung, auch in komplexen Situationen adäquate Entscheidungen zu treffen.

Maschinelle Geschwindigkeit und Präzision: KI-Systeme sind in der Lage, große Datenmengen in kürzester Zeit zu analysieren, Muster zu erkennen und Handlungsempfehlungen abzuleiten.

Die Kombination beider Ansätze ermöglicht nicht nur eine Automatisierung von Prozessen, sondern auch deren innovative Weiterentwicklung.

Mögliche Anwendungsbereiche der Kollaboration sind
1. Steigerung der Produktivität und Effizienz:
   Intelligente Assistenz: KI-basierte Tools wie Microsoft 365 Copilot oder Google Bard unterstützen Mitarbeiter bei der Erstellung von Dokumenten, der Analyse von Daten und der Planung von Projekten.
   Datenbasierte Entscheidungsfindung: KI-Systeme liefern präzise Analysen, während Menschen strategische Entscheidungen treffen, basierend auf den bereitgestellten Informationen.

2. Kundenzentrierte Prozesse:
   Die personalisierte Kundenkommunikation stellt eine weitere Möglichkeit dar, um Kundenbedürfnisse zu analysieren und maßgeschneiderte Lösungen vorzuschlagen. Dabei kann der Mensch weiterhin die emotionale Bindung stärken.
   Automatisierte Service-Lösungen: Virtuelle Assistenten und Chatbots übernehmen Standardanfragen, während komplexere Anliegen an menschliche Mitarbeiter eskaliert werden.
3. Innovation und Kreativität:
   KI als kreativer Partner. In Bereichen wie Marketing, Design oder Produktentwicklung kann KI Vorschläge generieren, die anschließend durch den Menschen verfeinert und umgesetzt werden.
   Die Entwicklung von Prototypen wird durch den Einsatz von KI beschleunigt. Mithilfe von Simulationen und Analysen werden erste Entwürfe erstellt, die anschließend von Ingenieuren geprüft werden.
4. Forschung und Entwicklung:
   Die Automatisierung von Routineaufgaben ist ein wesentlicher Bestandteil der digitalen Transformation. Forscherinnen und Forscher können durch KI-Tools repetitive Aufgaben wie Datensichtung oder Literaturrecherche automatisieren und dadurch ihre Ressourcen auf innovative Arbeiten konzentrieren.
   Die schnellere Erkenntnisgewinnung ist ein weiterer Vorteil, den KI durch Predictive Analytics ermöglicht. Damit lassen sich Trends und Muster in Daten identifizieren.

Herausforderungen und Voraussetzungen für eine erfolgreiche Zusammenarbeit
1. Kompetenzaufbau:
   Mitarbeiter müssen die erforderlichen Kompetenzen entwickeln, um eine effektive Zusammenarbeit mit KI-Technologien zu gewährleisten. Hierzu zählen Schulungen in Datenkompetenz, im Umgang mit Automatisierungstools sowie ein grundlegendes Verständnis von KI-Systemen.
2. Akzeptanz und Vertrauen:
   Die Einführung von KI-Technologien kann Ängste und Widerstände hervorrufen, denen es zu begegnen gilt. Unternehmen müssen klar kommunizieren, dass Maschinen den Menschen nicht ersetzen, sondern ihre Arbeit erleichtern sollen.

3. Ethische und rechtliche Verantwortung:
   Transparenz: Es ist sicherzustellen, dass Mitarbeiter und Kunden die
   Funktionsweise von KI-Systemen zur Entscheidungsfindung verstehen.
   Datenschutz: Der verantwortungsvolle Umgang mit Daten ist eine
   Grundvoraussetzung für den Einsatz von KI.
4. Kultureller Wandel:
   Eine offene Unternehmenskultur ist die Basis für Innovationsfreude
   und lebenslanges Lernen. Diese sollten aktiv gefördert werden.
   Die Mitarbeitereinbindung stellt einen wesentlichen Faktor dar. Es
   empfiehlt sich, Mitarbeiter in die Implementierung neuer Technologien
   einzubeziehen, um die Akzeptanz zu erhöhen und wertvolle Rückmeldungen zu sammeln.

**Hier finden Sie Best Practices für die Zusammenarbeit von Mensch
und Maschine**

1. Förderung von hybriden Arbeitsmodellen:
   Unternehmen sollten gezielt Aufgaben identifizieren, bei denen die
   Zusammenarbeit von Mensch und Maschine den größten Nutzen bietet, und diese in hybride Workflows integrieren.
2. KI als Unterstützung, nicht als Ersatz:
   Der Fokus muss darauf liegen, Menschen durch KI zu entlasten und
   ihre Arbeit zu erleichtern, nicht, sie zu ersetzen.
3. Schrittweise vorangehen:
   Es empfiehlt sich, dass Unternehmen zunächst mit Pilotprojekten beginnen, um Erfahrungen zu sammeln und die Technologie schrittweise in größere Prozesse zu integrieren.
4. Feedback und Verbesserung:
   Nach der Implementierung der KI-Lösung ist es empfehlenswert, das
   Feedback der Nutzer zu sammeln und auszuwerten, um die Lösung
   kontinuierlich zu optimieren und an die Bedürfnisse der Nutzer
   anzupassen.

Durch kontinuierliche Rückmeldungen von Mitarbeitern können KI-Systeme angepasst und verbessert werden, um einen maximalen Nutzen zu erzielen.

Die Zusammenarbeit zwischen Mensch und Maschine wird in Zukunft noch enger und effektiver gestaltet werden. Fortschritte in Bereichen wie Natural Language Processing, maschinellem Lernen und Robotik eröffnen neue Möglichkeiten für die Entwicklung innovativer Lösungen. Intelligente Systeme werden nicht nur unterstützend tätig sein, sondern zunehmend als Partner in der täglichen Arbeit wahrgenommen werden. Es ist zu erwarten, dass KI-Systeme in Zukunft in der Lage sein werden, die emotionale Intelligenz besser nachzuahmen und Menschen in Bereichen wie Coaching, Kreativität oder sogar Führung noch effektiver zu unterstützen (Abb. 3.2).

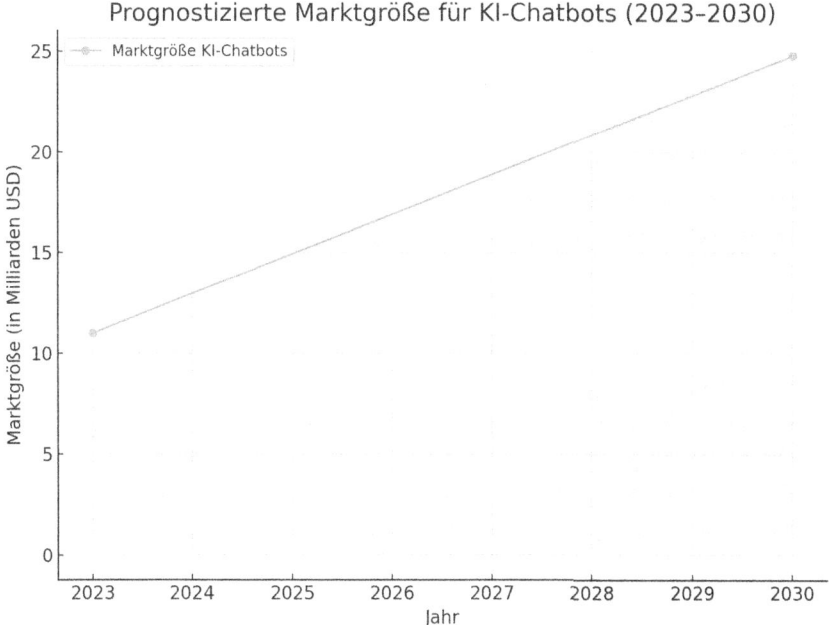

Abb. 3.2 Prognostizierte Marktgröße für KI-Chatbots

3.4 Auswahl erfolgreicher Automationen in Unternehmen

Die zunehmende Bedeutung der Automation durch künstliche Intelligenz in der heutigen Geschäftswelt ist unbestritten. Sie ist ein entscheidender Faktor für die Steigerung von Effizienz und Wettbewerbsfähigkeit von Unternehmen. Im Folgenden werden einige Fallbeispiele erfolgreicher Automationen in Unternehmen präsentiert, welche die Optimierung von Unternehmensprozessen durch KI-gestützte Technologien veranschaulichen.

3.4.1 Automatisierung der Kundenkommunikation

Ein Unternehmen aus dem E-Commerce-Sektor hat eine KI-gestützte Automationslösung implementiert, um die Kundenkommunikation zu optimieren. Die Nutzung von Chatbots ermöglichte die Beantwortung häufig gestellter Fragen in kürzerer Zeit und führte zu einer Verbesserung der Kundenzufriedenheit.

3.4.2 Effiziente Datenanalyse in der Produktion

Ein mittelständisches Unternehmen der Fertigungsindustrie hat sich für die Automatisierung von Datenanalysen mithilfe von Machine Learning-Algorithmen entschieden. Die optimierten Produktionsprozesse, die frühzeitige Erkennung von Engpässen sowie die gesteigerte Produktqualität sind Belege für den Erfolg des Projekts. Die Einführung von Automationslösungen hat zu einer deutlichen Effizienzsteigerung und Kosteneinsparungen geführt.

3.4.3 Erstellung personalisierter Marketingkampagnen

Ein Unternehmen aus der Konsumgüterbranche hat künstliche Intelligenz eingesetzt, um personalisierte Marketingkampagnen zu erstellen.

Die Analyse von Kundendaten ermöglichte die Identifizierung individueller Präferenzen und die Generierung maßgeschneiderter Werbebotschaften. Dies resultierte in einer gesteigerten Konversionsrate sowie einer optimierten Kundenbindung.

3.4.4 Automatisierung von HR-Prozessen zur Gestaltung der Personalprozesse

Ein international tätiges Unternehmen hat eine KI-gestützte Lösung für die Automatisierung von HR-Prozessen eingeführt. Die Software übernahm Aufgaben wie die Vorauswahl von Bewerbern, das Onboarding neuer Mitarbeiter sowie die Personalentwicklung. Dadurch wurde die Personalabteilung entlastet, sodass sie sich nun verstärkt auf strategische Aufgaben konzentrieren kann.

3.4.5 Predictive Maintenance in der Logistik

Ein Logistikunternehmen hat eine KI-basierte Predictive Maintenance-Lösung implementiert, um Ausfälle von Fahrzeugen und Maschinen vorherzusagen. Die Analyse von Sensordaten ermöglicht eine vorausschauende Planung von Wartungsarbeiten und eine Minimierung ungeplanter Stillstandszeiten. Die Automation führte zu einer höheren Verfügbarkeit der Flotte sowie zu einer Senkung der Instandhaltungskosten.

Die dargestellten Fallbeispiele veranschaulichen, wie KI-gestützte Automationen in Unternehmen verschiedener Branchen und Größenordnungen erfolgreich eingesetzt werden können, um Prozesse zu optimieren, Kosten zu senken und die Wettbewerbsfähigkeit zu steigern. Unternehmen, die auf diese Technologien setzen, können langfristig von einer effizienteren Unternehmensführung und einem nachhaltigen Geschäftserfolg profitieren.

4

Unternehmenskommunikation im digitalen Zeitalter

Wie KI die Unternehmenskommunikation revolutioniert und gleichzeitig neue Herausforderungen mit sich bringt

4.1 Die Rolle von KI in der Unternehmenskommunikation

Der Einsatz von Künstlicher Intelligenz führt zu einem fundamentalen Wandel in der Unternehmenskommunikation. Das Potenzial von KI-Technologien für eine effizientere Kommunikation sowie die Möglichkeit, personalisiertere und relevantere Botschaften an Kunden und Mitarbeiter zu übermitteln, wird von immer mehr Unternehmen erkannt. Der technologische Fortschritt eröffnet neue Möglichkeiten, die Qualität und Geschwindigkeit der Kommunikation zu verbessern und gleichzeitig die internen Ressourcen besser zu nutzen.

Dank KI können Unternehmen personalisierte Inhalte und Nachrichten erstellen, die auf den individuellen Bedürfnissen und Vorlieben ihrer Zielgruppen basieren. So lassen sich relevante Informationen gezielt kommunizieren und die Kundenbindung stärken. Des Weiteren ermöglichen KI-Algorithmen die Erfolgsmessung und -optimierung von Kommunikationsmaßnahmen, um eine effektivere Ansprache zu gewährleisten.

Transparente Kommunikation ist der Schlüssel zu Vertrauen.

Ein weiterer wesentlicher Aspekt ist die Automatisierung von Routine-tätigkeiten im Bereich der Unternehmenskommunikation. Der Einsatz von KI ermöglicht es Unternehmen, zeitaufwändige Prozesse wie das Be-antworten von Kundenanfragen, das Versenden von Newslettern oder das Erstellen von Berichten zu automatisieren. Auch hier können sich die Mitarbeiter auf strategischere Aufgaben konzentrieren und die Effizienz des gesamten Unternehmens steigern.

Des Weiteren kann KI auch bei der Mitarbeiterführung von großem Nutzen sein. KI-Führungskräfte können durch die Analyse von Daten und das Erkennen von Mustern wertvolle Einblicke gewinnen, um das Engagement und die Leistung ihrer Mitarbeiter zu verbessern. Dies kann dazu beitragen, ein motivierendes Arbeitsumfeld zu schaffen und die Produktivität des Teams zu steigern.

Mitarbeiter als entscheidender Faktor für den Erfolg der KI-Integration: Obgleich KI in der Unternehmenskommunikation zahlreiche Vorteile bietet, ist ein herausragender Aspekt die Rolle der Mitarbeiter. Die Ein-führung von KI-Technologien hat nicht nur Auswirkungen auf die Arbeitsprozesse, sondern auch auf die erforderlichen Kompetenzen der Belegschaft. Viele Mitarbeiter fühlen sich unsicher im Umgang mit KI-gestützten Systemen und benötigen gezielte Schulungen, um die neuen Technologien effektiv nutzen zu können.

Unternehmen sind daher gefordert, ihre Belegschaft auf die an-stehenden Veränderungen vorzubereiten. Dies erfordert nicht nur tech-nische Schulungen, sondern auch Maßnahmen zur Reduzierung von Ängsten und Vorbehalten. Eine offene und transparente Kommunika-tion über die Vorteile von KI und deren unterstützende Funktion kann dazu beitragen, das Vertrauen der Mitarbeitenden zu stärken.

Die richtige Balance zwischen Mensch und Maschine finden: Für einen erfolgreichen Einsatz von KI in der Unternehmens-kommunikation ist eine ausgewogene Balance zwischen Automatisierung und menschlicher Interaktion erforderlich. KI kann Routineaufgaben ef-fizient übernehmen, jedoch bleibt die menschliche Empathie in der Kommunikation unersetzlich, insbesondere in sensiblen oder komplexen Situationen. Eine enge Zusammenarbeit zwischen Mensch und Ma-schine ermöglicht es Unternehmen, das Beste aus beiden Welten zu nut-zen und ihre Kommunikationsprozesse auf ein neues Niveau zu heben.

Insgesamt ist die Rolle von KI in der Unternehmenskommunikation heute unverzichtbar, um wettbewerbsfähig zu bleiben und den Anforderungen des digitalen Zeitalters gerecht zu werden. Unternehmen, die in KI-gestützte Automationen investieren und gleichzeitig ihre Mitarbeiter in den Wandel einbeziehen, können von effizienteren Prozessen, einer verbesserten Kundeninteraktion und einer höheren Mitarbeiterzufriedenheit profitieren. Es empfiehlt sich, die Chancen, die KI in der Geschäftswelt bietet, zu nutzen und dabei sicherzustellen, dass die Menschen, die mit der Technologie arbeiten, entsprechend geschult und unterstützt werden. So lässt sich langfristiger Erfolg sichern.

4.2 Personalisierte Kommunikationsstrategien mit KI

Personalisierte Kommunikationsstrategien mit KI bieten Unternehmen die Möglichkeit, sich von der Konkurrenz abzuheben und sowohl Kunden als auch Mitarbeiter stärker einzubinden. Im Vergleich zu standardisierten Ansätzen steht hier die individuelle Ansprache im Vordergrund, die durch den Einsatz von KI auf eine ganz neue Ebene gehoben wird. Unternehmen, die diese Technologien effektiv nutzen, können ihre Kundenzufriedenheit steigern, die interne Kommunikation verbessern und so ihre Effizienz und Wettbewerbsfähigkeit nachhaltig sichern. Der Schlüssel zum Erfolg liegt in der ausgewogenen Berücksichtigung von technologischem Fortschritt, ethischer Verantwortung und einem bewussten Umgang mit den Bedürfnissen der Zielgruppen.

Ein wesentlicher Aspekt personalisierter Kommunikationsstrategien mit KI ist die Automatisierung von Prozessen. Die Nutzung intelligenter Systeme erlaubt die Automatisierung repetitiver Aufgaben und die Freisetzung von Ressourcen für strategischere Aufgaben. Dies ermöglicht es Unternehmen, ihre Prozesse zu optimieren und ihre Wettbewerbsfähigkeit in der heutigen schnelllebigen Geschäftswelt zu erhalten. Im Marketing ist dies besonders gut zu beobachten (Abb. 4.1).

Die Integration von KI in die Geschäftskommunikation erfordert jedoch auch ein Umdenken in Bezug auf Datenschutz und Datensicher-

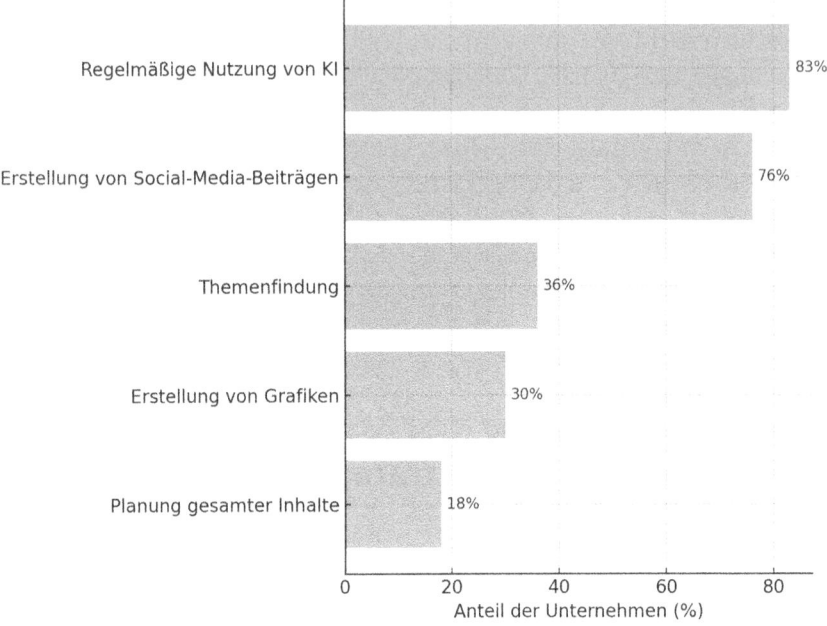

Abb. 4.1   https://www.forinsightsconsultancy.com/de/reports/ai-chatbot-market/

heit. Unternehmen sind dazu verpflichtet, sicherzustellen, dass die Verwendung von KI zur Personalisierung von Kommunikation im Einklang mit den geltenden Datenschutzbestimmungen steht und die Privatsphäre ihrer Kunden respektiert wird. Für die langfristige Bindung von Kunden sind Transparenz und Vertrauen überaus wichtig.

Insgesamt ermöglichen personalisierte Kommunikationsstrategien mit KI-Unternehmen eine effizientere Arbeitsweise, eine Steigerung der Kundenzufriedenheit sowie eine Optimierung der internen Kommunikation. Die Kombination von KI und personalisierter Kommunikation bietet Unternehmen die Chance, sich einen Wettbewerbsvorteil zu verschaffen und langfristigen Erfolg in der digitalen Welt sicherzustellen.

Eine der wichtigsten Anwendungen personalisierter Kommunikation liegt im Bereich der Kundeninteraktion, insbesondere der individuellen Kundenansprache. KI ermöglicht es Unternehmen, jeden Kunden individuell anzusprechen, als wäre die Kommunikation speziell für ihn entworfen. Der Einsatz von Predictive Analytics, Machine Learning und Big Data-Analysen ermöglicht es Unternehmen, das Verhalten ihrer Kunden zu analysieren und deren Bedürfnisse vorherzusehen.

Beispiele hierfür sind Produktempfehlungen

E-Commerce-Plattformen wie Amazon nutzen KI, um basierend auf dem Kaufverhalten personalisierte Empfehlungen auszusprechen.

Dynamic Content bezeichnet eine Technik, bei der sich Websites und Newsletter in Echtzeit den Interessen der Nutzer anpassen. Ein Kunde, der sich für Sportartikel interessiert, erhält andere Inhalte als jemand, der Mode bevorzugt.

Chatbots mit Persönlichkeit: Intelligente Chatbots können nicht nur Fragen beantworten, sondern auch Konversationen führen, die auf den individuellen Ton und die Wünsche des Nutzers eingehen.

4.3 Der KI-Chatbot-Markt

See Abb. 4.2

Wichtige Anbieter im auf dem KI-Chatbot-Markt[1] sind aktuell:

* IBM
* OpenAI
* Google
* Microsoft
* Amazon
* NVIDIA
* Nuance Communications Inc.
* Aivo
* Acuvate
* Nächste IT Corp
* SAP
* SmartBots

---

[1] https://www.forinsightsconsultancy.com/de/reports/ai-chatbot-market/.

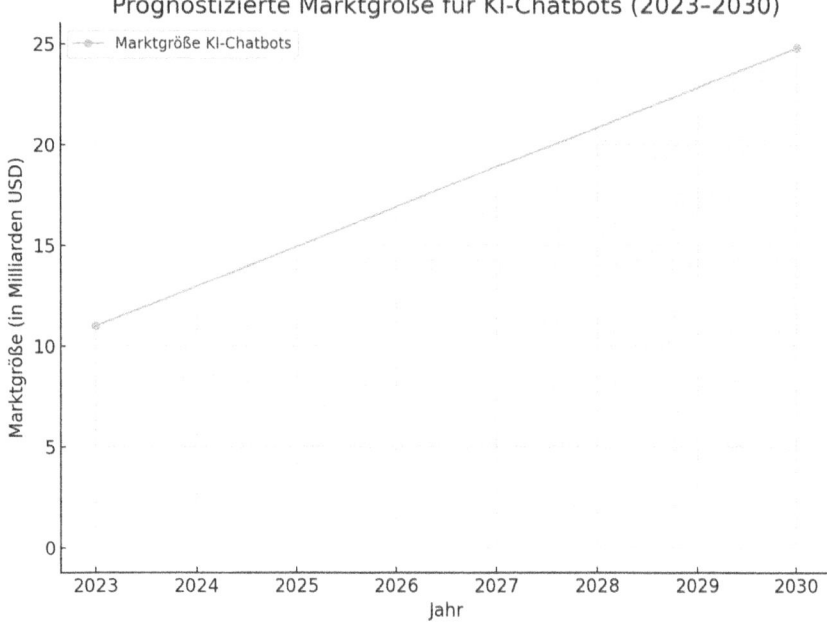

Prognostizierte Marktgröße für KI-Chatbots (2023–2030)

Abb. 4.2   https://www.forinsightsconsultancy.com/de/reports/ai-chatbot-market/

Diese Entwicklung zeigt sich in der Marktanalyse[2]

- Zusammenarbeit zwischen IBM und Microsoft (2023):
  Fokus: Generative KI zur Verbesserung von KI-Chatbots.
  Ziel: Effizienzsteigerung im Gesundheits- und Finanzsektor durch fortschrittliche Datenverarbeitung.
- Partnerschaft zwischen Nvidia und Microsoft (2024):
  Erweiterung der generativen KI-Anwendungen für Unternehmen.
  Nutzung von NVIDIA-Technologien auf Microsoft Azure für besseres Training und Bereitstellung von KI-Modellen.

Auch innerhalb eines Unternehmens hat die personalisierte Kommunikation einen hohen Stellenwert. KI ermöglicht eine individualisierte Mitarbeiteransprache, um gezielt auf die Bedürfnisse der einzelnen Mit-

---

[2] https://www.forinsightsconsultancy.com/de/reports/ai-chatbot-market/.

arbeiter eingehen zu können. Im vorangegangenen Kapitel wurde die allgemeine Rolle der KI in der Unternehmenskommunikation betrachtet. Im Folgenden wird erörtert, wie diese speziell für jeden einzelnen Mitarbeiter angepasst werden kann.

Beispiele der praktischen Umsetzung:

* Personalisiertes Feedback: KI-Tools analysieren Arbeitsdaten und geben individuelle Empfehlungen zur Verbesserung von Arbeitsprozessen.
* Gezielte Weiterbildung: Basierend auf den Aufgaben und Karrierezielen eines Mitarbeiters werden durch KI passende Schulungsangebote vorgeschlagen. Die KI-Lösung analysiert die individuellen Motivationsfaktoren der Mitarbeiter und unterstützt die Führungskräfte bei der gezielten Förderung der Mitarbeitermotivation.
* Effizienzsteigerung durch Automatisierung: Im Gegensatz zu allgemeinen Kommunikationsansätzen liegt der Fokus auf der Effizienzsteigerung durch maßgeschneiderte Automatisierung im Kundenkontext. KI zielt nicht nur auf eine Effizienzsteigerung durch schnellere und kostengünstigere Standardprozesse ab, sondern setzt in der personalisierten Kommunikation auf eine Vielzahl individueller Anpassungen.

Beispiele der personalisierten Kommunikation:

* Automatisierte E-Mails: Anstatt einen einzigen Newsletter an alle Kunden zu senden, erstellt KI für jeden Empfänger individuelle Inhalte basierend auf Vorlieben und bisherigen Interaktionen.
* Echtzeit-Kommunikation: KI-Systeme analysieren Kundengespräche in Echtzeit und passen die Antwortstrategien automatisch an, um eine maximale Relevanz zu gewährleisten.

Datenschutz und Vertrauen sind die Basis für Personalisierung. Die zunehmende Personalisierung in der Kommunikation bringt jedoch auch Herausforderungen mit sich, insbesondere in Bezug auf Datenschutz und ethische Standards. Kunden und Mitarbeiter haben zu Recht die Erwartung, dass ihre Daten verantwortungsvoll behandelt werden. Der Schlüssel zu allem ist das Vertrauen.

Dazu gehören:

- Transparenz: Unternehmen sind dazu verpflichtet, ihre Kunden und Mitarbeiter darüber in Kenntnis zu setzen, wie ihre Daten verwendet werden und welchen Nutzen dies mit sich bringt.
- Einwilligung: Kunden und Mitarbeiter sollten aktiv in die Datenverarbeitung einwilligen.
- Datensicherheit: Es sind strenge Maßnahmen zur Verschlüsselung und Sicherung sensibler Informationen zu ergreifen.

Nur Unternehmen, die diese Grundlagen ernst nehmen, können das Vertrauen ihrer Zielgruppen gewinnen und langfristig von personalisierten Strategien profitieren.

Die Entwicklung von KI wird die Personalisierung in der Kommunikation weiter revolutionieren. Die Integration von Technologien wie Natural Language Processing (NLP) und Emotionserkennung wird eine noch individuellere und emotionalere Gestaltung der Kommunikation ermöglichen. So wäre es beispielsweise möglich, Kundenanfragen nicht nur inhaltlich, sondern auch emotional zu analysieren, um eine empathische Antwort zu geben.

Ein weiteres spannendes Einsatzgebiet von KI ist die Verbindung von Augmented Reality (AR) und Virtual Reality (VR). Unternehmen haben die Möglichkeit, immersive Erlebnisse zu schaffen, bei denen Kunden direkt in personalisierte Umgebungen eintauchen können. Dies kann beispielsweise bei einer virtuellen Produktpräsentation oder einer individuell gestalteten Markenwelt der Fall sein.

4.4 Datenschutz und Ethik in der digitalen Kommunikation

Der Schutz personenbezogener Daten und die Einhaltung ethischer Grundsätze sind zentrale Themen in der heutigen digitalen Kommunikationslandschaft. Unternehmen, die Künstliche Intelligenz und andere fortschrittliche Technologien in ihre Geschäftsprozesse integrieren, müssen Datenschutzrichtlinien wahren und ethische Standards implementieren. Diese Anforderungen sind nicht nur rechtlich relevant, sondern haben auch einen direkten Einfluss auf das Vertrauen von Kunden und Mitarbeitern sowie auf die Reputation eines Unternehmens.

Datenschutz als Grundpfeiler der digitalen Kommunikation In einer zunehmend datengetriebenen Welt sammeln Unternehmen eine Vielzahl an Informationen – von Kundendaten über interne Prozessdaten bis hin zu sensiblen Geschäftsdaten.

Ein verantwortungsvoller Umgang mit diesen Informationen ist unerlässlich, um:

- die Einhaltung rechtlicher Vorgaben sicherzustellen. Diesbezüglich sind insbesondere die Datenschutzgesetze zu nennen, wie beispielsweise die Datenschutz-Grundverordnung (DSGVO) der EU. Diese geben strenge Regeln vor, wie personenbezogene Daten erhoben, gespeichert und verarbeitet werden dürfen.
- Sicherheitsrisiken zu minimieren: Datenschutzverletzungen können nicht nur rechtliche Konsequenzen haben, sondern auch zu erheblichen finanziellen Schäden und Reputationsverlust führen.

Schaffen Sie Vertrauen. Kunden und Mitarbeiter müssen sich darauf verlassen können, dass ihre Daten sicher und verantwortungsvoll genutzt werden.

Unternehmen sollten deshalb folgende Punkte berücksichtigen: Es muss sichergestellt werden, dass Nutzer klar über die Datenerhebung, -verarbeitung und -speicherung informiert werden. Es sollten nur die Daten erhoben werden, die tatsächlich notwendig sind, um die gewünschten Geschäftsziele zu erreichen.

Die Gewährleistung technischer Sicherheit schützt Daten vor unbefugtem Zugriff. Zu diesem Zweck sind Verschlüsselung, Zugangskontrollen und regelmäßige Sicherheitsupdates unerlässlich.

Ethische Verantwortung bei der Nutzung von KI: Mit der Integration von KI in die digitale Kommunikation entstehen neue ethische Herausforderungen, die weit über den reinen Datenschutz hinausgehen. KI-Systeme analysieren Daten und treffen auf Basis von Algorithmen Entscheidungen, die sich erheblich auf Kunden und Mitarbeiter auswirken können.

Bias (Verzerrung) und Diskriminierung sind wesentliche Aspekte, die es zu berücksichtigen gilt.

Die Verwendung verzerrter Datensätze durch KI-Systeme kann unbewusste Vorurteile verstärken.

Unternehmen sind dazu verpflichtet, sicherzustellen, dass die Datenbasis divers und repräsentativ ist, um Diskriminierung zu vermeiden.

Es ist sicherzustellen, dass alle relevanten Informationen transparent und nachvollziehbar sind.

Entscheidungen, die auf KI basieren, müssen für die Nutzer verständlich und nachvollziehbar sein.

Unternehmen sollten ihre Kunden darüber informieren, wie ihre Algorithmen funktionieren und welche Kriterien für ihre Entscheidungen herangezogen werden.

Im Falle von Fehlentscheidungen ist eine klare Regelung der Verantwortlichkeit erforderlich.

Im Falle von Fehlern, die durch KI-Systeme verursacht werden, muss die Frage der Verantwortlichkeit geklärt werden. Unternehmen sind gefordert, klare Richtlinien für den Umgang mit solchen Fällen zu definieren.

Hier finden Sie unsere Best Practices für Datenschutz und Ethik in der digitalen Kommunikation:

- Die Implementierung eines Datenschutzmanagementsystems (DSMS) unterstützt Unternehmen dabei, datenschutzrelevante Prozesse zu dokumentieren und zu überwachen.
- Es empfiehlt sich, ethische Leitlinien zu entwickeln, die den Einsatz von KI und Datenverarbeitung regeln.
- Schulungen für Mitarbeiter: Datenschutz und Ethik sind keine rein technischen Themen. Es ist unerlässlich, dass Mitarbeiter in Bezug auf die Bedeutung dieser Aspekte geschult werden, damit sie diese in ihrer täglichen Arbeit umsetzen können.
- Die Zusammenarbeit mit externen Datenschutzbeauftragten und ethischen Beratern kann dabei helfen, potenzielle Schwachstellen zu identifizieren und Prozesse zu optimieren.

- Einholung von Einwilligungen: Die Einwilligung der Nutzer zur Datensammlung und -verarbeitung muss aktiv und vorab eingeholt werden. Dies fördert das Vertrauen der Kunden in das Unternehmen und stärkt die Kundenbeziehung.

Die Herausforderung besteht in der Balance zwischen Innovation und Verantwortung. Die Nutzung von KI in der Kommunikation eröffnet Unternehmen enorme Chancen, birgt jedoch auch Risiken. Bei der Nutzung der Vorteile der Technologie dürfen ethische Grundsätze niemals vernachlässigt werden. Unternehmen sind dazu verpflichtet, sicherzustellen, dass Innovationsprozesse stets im Einklang mit den Werten Transparenz, Fairness und Respekt stehen.

Die fortschreitende Entwicklung von Technologien wie KI, Blockchain und Big Data führt zu einer weiterhin hohen Relevanz von Datenschutz und Ethik in der Unternehmenspraxis. Es ist zu erwarten, dass Regulierungen verschärft werden. Unternehmen sind daher gefordert, sich proaktiv auf diese Veränderungen einzustellen. Zudem wird davon ausgegangen, dass ethische Aspekte zunehmend als Wettbewerbsfaktor an Bedeutung gewinnen. Unternehmen, die Verantwortung übernehmen und dies auch transparent kommunizieren, können sich langfristig einen Vorsprung verschaffen.

Auch im digitalen Kommunikationsverhalten von Unternehmen spielt Ethik eine wichtige Rolle. Bei der Implementierung von KI-gestützten Automationen sind ethische Grundsätze wie Fairness, Transparenz und Verantwortungsbewusstsein zu berücksichtigen. Unternehmen müssen ethische Richtlinien für den Umgang mit Daten und Technologien entwickeln und sicherstellen, dass ihre Mitarbeiter entsprechend geschult sind.

Die Integration von KI in die Unternehmenskommunikation und Automationsprozesse bietet zahlreiche Vorteile, birgt jedoch auch Risiken in Bezug auf Datenschutz und Ethik. Unternehmen sind daher gut beraten, proaktiv Maßnahmen zu ergreifen, um Datenschutzverletzungen zu verhindern und sicherzustellen, dass ihre digitalen Kommunikationsstrategien ethisch einwandfrei sind. Die Einhaltung von Datenschutzbestimmungen und ethischen Standards stärkt das Vertrauen von Kunden und Mitarbeitern und ist eine wichtige Grundlage für langfristige Erfolge in der digitalen Geschäftswelt.

5

Mitarbeiterführung und KI

Innovation und Verantwortung durch KI-gestützte Kommunikation.

Zusammenfassung Die Integration von Künstlicher Intelligenz in die Unternehmenskommunikation eröffnet neue Möglichkeiten für Effizienz, Personalisierung und Zielgruppenansprache. Dieses Kapitel zeigt, wie KI-Tools die Interaktion mit Kunden und Mitarbeitern verbessern und Routinetätigkeiten automatisieren können. Es beleuchtet jedoch auch die Herausforderungen, wie die Einhaltung von Datenschutzrichtlinien, die Vermeidung von Verzerrungen (Bias) und die Wahrung ethischer Standards. Im Mittelpunkt steht die Balance zwischen Automatisierung und menschlicher Empathie, die in der Kommunikation unverzichtbar bleibt. Zudem werden Strategien vorgestellt, wie Unternehmen KI verantwortungsvoll einsetzen und gleichzeitig das Vertrauen ihrer Zielgruppen stärken können.

KI kann informieren, doch Vertrauen baut nur der Mensch auf.

5.1   Unterstützung von Führungskräften durch KI

In der heutigen schnelllebigen Geschäftswelt müssen Unternehmer und Führungskräfte effiziente Entscheidungen treffen und ihre Teams erfolgreich leiten. Künstliche Intelligenz stellt dabei eine revolutionäre Möglichkeit dar, Führungskräfte in ihrem täglichen Arbeitsalltag zu unterstützen. KI kann einen entscheidenden Beitrag zur Effizienzsteigerung in Unternehmen leisten – von der Datenanalyse bis hin zur Prozessautomatisierung.

Eine der wesentlichen Aufgaben von Führungskräften ist die Fähigkeit, auf Basis von Daten fundierte Entscheidungen zu treffen. KI-gestützte Analysen sind ein wertvolles Instrument, um komplexe Datensätze zu interpretieren und so fundierte Entscheidungen zu ermöglichen. Die Automatisierung von Analysen ermöglicht es Führungskräften, Zeit zu sparen und sich auf strategische Aufgaben zu konzentrieren, anstatt sich mit manuellen Auswertungen befassen zu müssen.

Darüber hinaus kann KI-Technologie dazu beitragen, die Kommunikation zwischen Führungskräften und ihren Teams zu optimieren. Chatbots und automatisierte Kommunikationstools fördern eine verbesserte interne Kommunikation und optimieren den Informationsfluss innerhalb des Unternehmens.

Die Integration von KI in die Unternehmenskommunikation ermöglicht es Führungskräften, effizienter mit Mitarbeitern zu interagieren und deren Bedürfnisse besser zu verstehen.

Automationen sind ein entscheidender Faktor für die Steigerung der Effizienz in Unternehmen. KI-gestützte Automationen eignen sich zur Automatisierung repetitiver Aufgaben und tragen somit zur Steigerung der Produktivität der Mitarbeitenden bei. Die Implementierung KI-basierter Automatisierungslösungen durch Führungskräfte stellt sicher, dass die Teams sich auf kreative und strategische Aufgaben konzentrieren können, anstatt Zeit mit monotonen Tätigkeiten zu verschwenden (Abb. 5.1).

Insgesamt eröffnet Künstliche Intelligenz Führungskräften in der Geschäftswelt eine Vielzahl von Möglichkeiten, ihre Effizienz zu steigern und ihr Unternehmen erfolgreich zu führen. Die Nutzung von KI ermöglicht Unternehmern und Führungskräften eine Optimierung ihrer Entscheidungsfindung, eine Optimierung der Mitarbeiterführung sowie eine

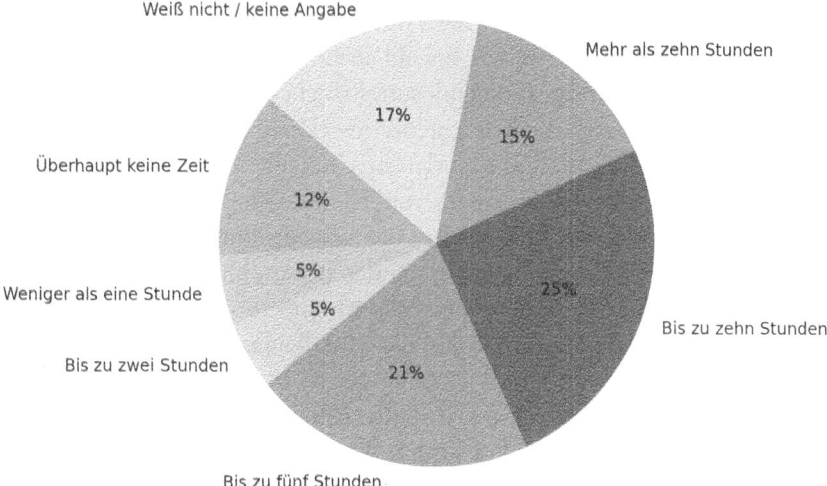

Zeiteinsparung durch KI-Anwendungen in Führungsrollen

Abb. 5.1 https://www.monday.rocks/ki-in-der-fuehrung-yougov-umfrage-unter-fuhrungskraften/

effizientere Gestaltung der Unternehmenskommunikation. Die Integration von KI in den Arbeitsalltag von Führungskräften ermöglicht es, einen Wettbewerbsvorteil zu erlangen und das Unternehmen auf dem Weg zum Erfolg voranzutreiben.

5.2 Kompetenzentwicklung und Schulung im Umgang mit KI

Unternehmen werden nicht umhin kommen, Kompetenzen im Umgang mit KI zu entwickeln, um sich in einer zunehmend automatisierten und von künstlicher Intelligenz geprägten Geschäftswelt behaupten zu können. Unternehmen und Unternehmer sind gefordert, sich mit den Möglichkeiten zur Vorbereitung ihrer Mitarbeiter auf die Herausforderungen und Chancen, die der Einsatz von KI mit sich bringt, auseinanderzusetzen. Eine gezielte Kompetenzentwicklung ist unerlässlich, um den Wandel erfolgreich zu gestalten und die Effizienz in der Geschäftswelt zu steigern.

Bieten Sie Ihren Mitarbeitern Schulungen und Weiterbildungen im Umgang mit KI an. Nur so stellen Sie sicher, dass die Belegschaft über das nötige Wissen und die Fähigkeiten verfügt, um die neuen Technologien effektiv einzusetzen. Schulungen sollten sowohl technisches Verständnis als auch Soft Skills wie Kreativität, Problemlösungsfähigkeiten und Teamarbeit fördern, um eine ganzheitliche Kompetenzentwicklung zu gewährleisten.

Eine ähnliche Rolle spielt die Förderung einer offenen und transparenten Kommunikation über den Einsatz von KI im Unternehmen. Alle Mitarbeiter müssen die Funktionsweise, die Vorteile und potenziellen Auswirkungen von KI-Technologien verstanden haben, um sie effektiv nutzen können. Eine effektive Unternehmenskommunikation ist die Grundlage für das Vertrauen und die Motivation der Mitarbeiter, sich aktiv an der Entwicklung von Kompetenzen im Umgang mit KI zu beteiligen.

Auch die Mitarbeiterführung in Unternehmen kann durch den Einsatz von Automation und KI optimiert werden.

Führungskräfte müssen lernen, wie sie ihre Teams effektiv auf anstehende Veränderungen vorbereiten und unterstützen können. Die Förderung einer offenen Feedback-Kultur, die Anerkennung von individuellen Stärken und die Schaffung von Entwicklungsmöglichkeiten sind entscheidende Faktoren, um Mitarbeiter zu motivieren und ihr Potenzial im Umgang mit KI voll auszuschöpfen.

Insgesamt stellt die Kompetenzentwicklung und Schulung im Umgang mit KI einen wichtigen Faktor auf dem Weg zur Effizienz in der Unternehmenswelt dar. Unternehmen und Unternehmer, die in die Weiterbildung ihrer Mitarbeiter investieren und eine offene Kommunikationskultur fördern, werden in der Lage sein, die Chancen der Digitalisierung optimal zu nutzen und sich erfolgreich im Wettbewerbsumfeld zu positionieren.

5.3 Auswirkungen von KI auf das Mitarbeiterengagement

Die Integration künstlicher Intelligenz ist in der heutigen Geschäftswelt nicht mehr nur eine Option, sondern eine Notwendigkeit, um wettbewerbsfähig zu bleiben. Die Auswirkungen von KI auf das Mitarbeiterengagement sind ein zentrales Thema, das Unternehmen und Unternehmer gleichermaßen betrifft. Die Automation von Prozessen und die Implementierung von KI-Technologien können sich sowohl positiv als auch negativ auf das Mitarbeiterengagement auswirken.

Die Automatisierung repetitiver Aufgaben durch KI hat einen positiven Einfluss auf das Mitarbeiterengagement, da den Mitarbeitern mehr Zeit für kreative und strategische Tätigkeiten zur Verfügung steht. Die Entlastung von monotonen Arbeiten führt zu einer höheren Motivation und Zufriedenheit der Mitarbeiter, da sie sich auf anspruchsvollere Aufgaben konzentrieren können, die ihre Fähigkeiten und ihr Potenzial besser nutzen.

Die Einführung von KI kann jedoch auch Ängste und Unsicherheiten unter den Mitarbeitern hervorrufen. Die Befürchtung, durch Maschinen ersetzt zu werden, oder die Sorge vor dem Verlust des Arbeitsplatzes können das Engagement der Mitarbeitenden negativ beeinflussen. Um dem entgegenzuwirken, kommunizieren Sie transparent und beziehen Sie Ihre Mitarbeiter aktiv in den Implementierungsprozess von KI. So können Ängste abgebaut und das Vertrauen der Mitarbeitenden gewonnen werden.

Ein weiterer wesentlicher Aspekt ist die Schulung und Qualifizierung der Mitarbeitenden im Umgang mit KI-Technologien. Es wird empfohlen, in die Weiterbildung der Mitarbeitenden zu investieren, um eine effektive Nutzung der neuen Tools und Prozesse sicherzustellen. Eine gut informierte und geschulte Belegschaft trägt einerseits zur erfolgreichen KI-Integration und andererseits zum Engagement der Mitarbeitenden bei.

Insgesamt eröffnen KI-gestützte Automationen in der Unternehmenswelt vielfältige Chancen, das Mitarbeiterengagement zu stärken und die Effizienz zu steigern. Eine strategische und einfühlsame Herangehensweise ist für Unternehmen der Schlüssel, um sicherzustellen, dass ihre Mitarbeiter von den Vorteilen der KI profitieren und aktiv am digitalen Wandel teilhaben. Die Auswirkungen von KI auf das Mitarbeiterengagement sind vielfältig. Mit einer klugen Führung und effektiven Kommunikation können Unternehmen jedoch eine positive Arbeitsumgebung schaffen, in der Mensch und Maschine erfolgreich zusammenarbeiten.

6

Ängste und Bedenken gegenüber KI abbauen

Vertrauen schaffen durch Transparenz und Dialog

6.1 Häufig geäußerte Ängste und Vorurteile ansprechen

In Anbetracht der zunehmenden Integration von Künstlicher Intelligenz in Unternehmen ist es unerlässlich, die Ängste und Vorurteile der Mitarbeitenden zu verstehen. Die Mehrheit der Beschäftigten zeigt sich unsicher, was den Einsatz von KI in ihrem Arbeitsumfeld betrifft. Diese Ängste können aus verschiedenen Quellen stammen, beispielsweise der Vorstellung, dass KI Arbeitsplätze gefährden könnte, oder der Annahme, dass KI den menschlichen Kontakt in der Arbeitswelt ersetzen wird. Um eine positive Einstellung gegenüber KI zu fördern, müssen Unternehmen die Sorgen ihrer Mitarbeiter ernst nehmen und einen offenen Dialog über diese Themen anstoßen.

Die Sorge um den Verlust des Arbeitsplatzes ist eine der häufigsten Ängste. Mitarbeiter befürchten, dass KI-Lösungen ihre Aufgaben übernehmen und somit ihre Rolle im Unternehmen überflüssig machen

---

Technologie soll die Menschen stärken, nicht ersetzen.

© Der/die Autor(en), exklusiv lizenziert an Springer Fachmedien Wiesbaden GmbH, ein Teil von Springer Nature 2025
M. Peukert, *KI-Mindset entwickeln*, https://doi.org/10.1007/978-3-658-47902-2_6

könnten. Diese Befürchtungen können zu Widerständen führen, welche die Einführung von KI-Technologien erschweren. Unternehmen sollten daher klar kommunizieren, dass KI als Unterstützung und nicht als Ersatz für menschliche Arbeitskraft gedacht ist. Schulungen und Informationsveranstaltungen sind ein geeignetes Mittel, um Mitarbeiter über die positiven Auswirkungen von KI auf ihre Arbeit aufzuklären und ihnen zu zeigen, wie sie von der Technologie profitieren können.

Neben der Angst vor Arbeitsplatzverlust gibt es auch Vorurteile gegenüber der Funktionsweise von KI. Viele Mitarbeiter verfügen lediglich über ein begrenztes Verständnis davon, wie KI tatsächlich funktioniert und welche Entscheidungen sie treffen kann. Oftmals wird KI als „Black Box" wahrgenommen, deren Prozesse und Ergebnisse nicht nachvollziehbar sind. Unternehmen sollten daher transparente Informationen bereitstellen, um das Verständnis für KI zu fördern. Durch praktische Beispiele und Schulungsangebote können Mitarbeiter befähigt werden, KI-Technologien besser zu verstehen und deren Potenzial zu erkennen.

Ein weiterer wichtiger Punkt ist die Berücksichtigung von Bedenken hinsichtlich der Datensicherheit und des Datenschutzes, die von vielen Mitarbeitern geäußert werden. In Anbetracht der aktuellen Berichterstattung über Datenlecks und Informationsmissbrauch ist die Vorsicht der Mitarbeiterinnen und Mitarbeiter nachvollziehbar. Unternehmen sollten klare Richtlinien und Sicherheitsprotokolle implementieren, um das Vertrauen der Mitarbeitenden in den Umgang mit Daten zu stärken. Eine transparente Kommunikation über den Schutz sensibler Informationen kann dazu beitragen, etwaige Ängste abzubauen und ein positives Umfeld für die Einführung von KI zu schaffen.

Um die genannten Ängste und Vorurteile abzubauen, sind praktische Lösungsansätze erforderlich. Unternehmen sollten nicht nur Schulungen anbieten, sondern auch Möglichkeiten schaffen, in denen Mitarbeiter aktiv mit KI-Anwendungen arbeiten können. Durch Pilotprojekte, in denen Mitarbeiter direkt mit KI-Systemen interagieren, können Bedenken abgebaut und die Akzeptanz erhöht werden. Durch einen schrittweisen Ansatz, der die Einbindung der Mitarbeiter in den Integrationsprozess von KI fördert, können Unternehmen eine Kultur der Offenheit und des Vertrauens entwickeln, die notwendig ist, um die Vorteile von KI voll auszuschöpfen.

Eine aktuelle Studie zeigt auf, welche Ängste und Sorgen die Mitarbeiter beschäftigen

Eine aktuelle Studie von Headspace zeigt, dass deutsche Arbeitnehmer klare Sorgen im Berufsleben haben, die sich auf verschiedene Aspekte ihrer Tätigkeit beziehen. Abb. 6.1 zeigt, dass 47 % der Befragten die Angst, mehr Verantwortung übernehmen zu müssen, als größte Sorge betrachten. Knapp dahinter folgen Sorgen über mangelnde Stabilität und Unberechenbarkeit im Job, die 46 % der Arbeitnehmer belasten.[1]

Es ist bemerkenswert, dass 39 % der Befragten die Befürchtung äußern, durch neue Technologien und künstliche Intelligenz ersetzt zu werden. Diese Entwicklung verdeutlicht, dass technologische Fortschritte bei einigen Arbeitnehmern zu einer Zunahme an Unsicherheit führen. Schließlich äußerten 32 % der Teilnehmer die Angst vor einer möglichen Entlassung. Dies verdeutlicht die Bedeutung von Arbeitsplatzsicherheit.[2]

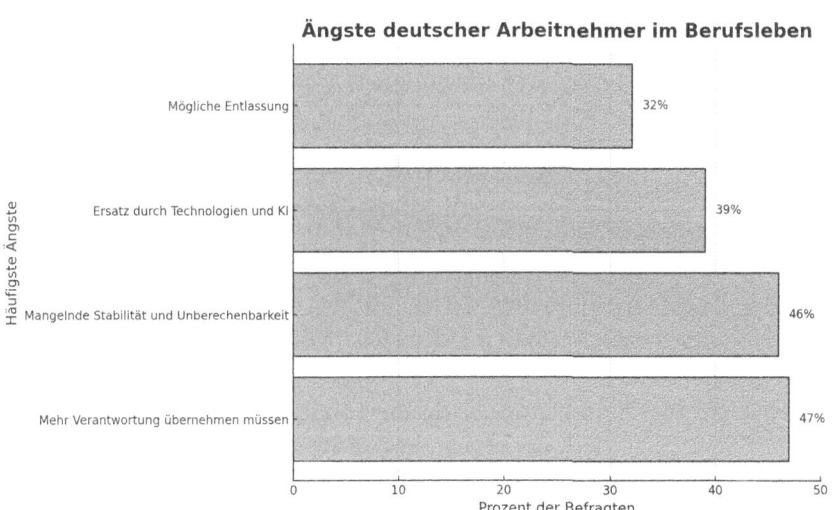

Abb. 6.1 Ängste Deutscher Arbeitnehmer Im Berufsleben

---

[1] https://help.headspace.com/hc/de/articles/360000220988-Gibt-es-Studien-die-untersucht-haben-wie-sich-Headspace-auf-die-Gesundheit-auswirkt.

[2] https://www.t-online.de/gesundheit/aktuelles/id_100172822/deutschland-studie-jeder-zweite-hat-regelmaessig-angst-vor-der-arbeit.html.

Abb. 6.1 veranschaulicht die Relevanz dieser Themen für die Arbeitswelt und unterstreicht die Notwendigkeit für Unternehmen, proaktiv zu handeln, um ihren Mitarbeitern ein Gefühl von Sicherheit und Unterstützung zu vermitteln. Ein stabileres Arbeitsumfeld sowie der Ausbau psychischer Gesundheitsangebote könnten dazu beitragen, diesen Ängsten entgegenzuwirken.

6.2   Vertrauen durch Aufklärung und Transparenz

Der Einsatz von Künstlicher Intelligenz ist für Unternehmen, die im Wettbewerb bestehen möchten, nicht mehr nur ein Trend, sondern eine Notwendigkeit. Um Mitarbeiter für die Nutzung von KI zu begeistern, ist es unerlässlich, ein tiefes Verständnis für den Umgang mit dieser Technologie zu entwickeln. Dies beginnt mit gezielten Schulungen, in denen nicht nur die Grundlagen der KI erklärt, sondern auch deren Potenziale und Grenzen aufgezeigt werden. Es ist empfehlenswert, dass Unternehmen sicherstellen, dass ihre Mitarbeiter die verschiedenen Anwendungsbereiche von KI verstehen, damit eine effektive Integration der Technologie in den Arbeitsalltag gewährleistet werden kann.

Ein weiterer wichtiger Aspekt ist die Motivation der Mitarbeiter, KI in ihrer täglichen Arbeit zu nutzen. Dies kann durch die Schaffung eines positiven Umfelds erfolgen, in dem die Vorteile der KI klar kommuniziert werden. Es sollte darauf geachtet werden, dass Mitarbeiter ermutigt werden, eigene Ideen zur Anwendung von KI einzubringen und zu erproben. Workshops und Innovationslabore, in denen Teams gemeinsam an Lösungen arbeiten können, fördern das Verständnis und die Akzeptanz von KI. Unternehmen, die in solche Formate investieren, demonstrieren ihren Mitarbeitern, dass deren Meinungen und Ideen geschätzt werden und sie aktiv am Innovationsprozess beteiligt sind.

Die Implementierung von KI-Lösungen stößt vielfach auf Ängste und Bedenken, was zu einer Blockade des Prozesses führen kann. Unternehmen sind gefordert, aktiv und transparent mit diesen Ängsten umzugehen, um eine Grundlage für eine offene Kommunikation zu schaffen. Durch regelmäßige Informationsveranstaltungen, in denen Experten über die Funktionsweise von KI und deren ethische Implikationen sprechen, können Vorurteile abgebaut werden. Demonstrieren Sie Ihren Mitarbeitern, dass KI nicht als Bedrohung, sondern als Unterstützung in ihrer Arbeit betrachtet werden sollte. Transparente Informationen und ein offener Dialog können das Vertrauen in die Technologie stärken.

Die praktische Umsetzung von KI-Lösungen erleichtert Mitarbeitern den Einstieg. Unternehmen sollten konkrete Anwendungsbeispiele aus der eigenen Branche vorstellen, die aufzeigen, wie KI bereits erfolgreich eingesetzt wird. Auch sollten Tools und Ressourcen, die den Mitarbeitern die Implementierung von KI in ihre Arbeitsabläufe erleichtern, bereitgestellt werden. Dazu zählen beispielsweise Schulungsmaterialien, Online-Kurse sowie die Möglichkeit, mit KI-gestützten Systemen zu experimentieren. Die genannten Maßnahmen dienen dazu, den Mitarbeitern die Vorteile von KI als Werkzeug für eine effiziente und kreative Arbeitsgestaltung zu verdeutlichen.

Zusammenfassend lässt sich festhalten, dass eine umfassende Aufklärung und Transparenz die Grundvoraussetzungen für eine erfolgreiche Integration von Künstlicher Intelligenz in Unternehmen bilden. Unternehmen können ihre Mitarbeiter auf dem Weg der erfolgreichen Integration von KI in die Arbeitswelt begleiten, indem sie ein Verständnis für den Umgang mit KI schaffen, die Motivation zur Nutzung fördern, Ängste abbauen und praktische Lösungen bereitstellen. Diese Schritte fördern die Akzeptanz von KI für die langfristige Wettbewerbsfähigkeit und Innovationskraft des Unternehmens. Eine Kultur der Offenheit und des Lernens ist der Grundstein für eine erfolgreiche Zukunft in der digitalen Arbeitswelt.

6.3   Die Rolle der Führungskräfte bei der Überwindung von Bedenken

In der heutigen Geschäftswelt, in der Künstliche Intelligenz zunehmend an Bedeutung gewinnt, müssen Unternehmen ihre Mitarbeiter von den Vorteilen dieser Technologie überzeugen. Eine entscheidende Rolle kommt hierbei den Führungskräften zu. Sie sind nicht nur Vorbilder, sondern müssen auch aktiv Bedenken und Ängste gegenüber KI adressieren. Durch die

Entwicklung eines tiefen Verständnisses für den Umgang mit KI können Führungskräfte die Sorgen ihrer Mitarbeiter ernst nehmen und diese in eine positive Richtung lenken. Eine offene Kommunikation und das Schaffen eines Vertrauensumfeldes, in dem Mitarbeiter ihre Bedenken äußern können, ohne negative Konsequenzen zu befürchten, sind daher unerlässlich.

Führungskräfte sollten sich der weitverbreiteten Ängste bewusst sein, die mit der Einführung von KI einhergehen. Oftmals besteht die Befürchtung, dass Arbeitsplätze gefährdet oder Aufgaben von Maschinen übernommen werden könnten. Kommunizieren Sie daher als Führungskraft die Vorteile von KI klar und verständlich, um Ängste abzubauen. Weisen Sie darauf hin, dass KI nicht als Ersatz, sondern als Unterstützung für menschliche Fähigkeiten gedacht ist. Durch die Fokussierung auf die Möglichkeiten, die KI bietet, können Führungskräfte eine positive Einstellung fördern und aufzeigen, wie diese Technologie die Effizienz und Kreativität im Arbeitsalltag steigern kann.

Eine weitere wesentliche Aufgabe von Führungskräften ist es, ihre Mitarbeiter aktiv zu motivieren, KI in ihrer täglichen Arbeit zu nutzen. Dies kann durch gezielte Schulungsprogramme erfolgen, welche den Mitarbeitern die Möglichkeit bieten, sich mit den neuen Technologien vertraut zu machen. Führungskräfte sollten hierbei als Mentoren agieren und den Mitarbeitern nicht nur die technischen Aspekte von KI näherbringen, sondern auch deren Anwendung in konkreten Arbeitsszenarien aufzeigen. Durch praxisnahe Beispiele und Erfolgsgeschichten aus dem eigenen Unternehmen kann das Vertrauen in die Technologie gestärkt und die Motivation zur Nutzung gefördert werden.

Führungskräfte sollten zudem ein Umfeld schaffen, in dem Innovationskraft gefördert wird. Dies kann erreicht werden, indem Raum für Experimente und kreative Lösungen geboten wird, in denen Mitarbeiter die Möglichkeit erhalten, KI in eigenen Projekten auszuprobieren. Durch das Teilen von Erfahrungen und das Feiern von Erfolgen wird die Unternehmenskultur positiv beeinflusst und die Mitarbeiter ermutigt, KI aktiv zu integrieren. Diese Form der Unterstützung wirkt sich nicht nur positiv auf die Überwindung von Bedenken aus, sondern fördert auch den Teamgeist und die Zusammenarbeit innerhalb der Organisation.

Es kann zusammenfassend festgestellt werden, dass Führungskräfte eine wesentliche Rolle bei der Einführung und Integration von KI in Unternehmen einnehmen. Durch aktives Zuhören, offene Kommunikation und die Bereitstellung von Ressourcen können Führungskräfte Ängste abbauen und ihre Mitarbeiter motivieren. Der Schlüssel liegt darin, eine positive Haltung gegenüber KI zu fördern und die Technologie als wertvolles Werkzeug für die Zukunft des Unternehmens zu positionieren. Durch Einbezug der Mitarbeitenden in den Prozess und transparente Kommunikation der Vorteile von KI tragen Führungskräfte maßgeblich zur Schaffung einer innovativen und motivierenden Unternehmenskultur bei.

6.4 Kulturelle Transformation

Die Integration von Künstlicher Intelligenz in die Unternehmenskultur stellt eine entscheidende Herausforderung dar, die von Unternehmen nicht nur als technologische, sondern auch als kulturelle Transformation begriffen werden muss. Entwickeln Sie positive Narrative über KI, um ein Verständnis für den Umgang mit dieser Technologie zu fördern. Unternehmen sollten Geschichten und Beispiele präsentieren, die die Vorteile von KI veranschaulichen, um das Bewusstsein für die Möglichkeiten zu schärfen, die diese Technologie bietet. Die Narrative sollten neben technologischen Erfolgen auch persönliche Erfahrungen der Mitarbeitenden beinhalten, um eine emotionale Verbindung herzustellen.

Motivieren Sie Ihre Mitarbeiter, indem Sie ihnen die Vorteile der Nutzung von KI in ihrem Arbeitsalltag aufzeigen. Schulungsprogramme und Workshops können den praktischen Nutzen von KI verdeutlichen. Diese Initiativen sollten darauf abzielen, den Mitarbeitern zu demonstrieren, wie KI ihre Arbeitsweise erleichtern kann. Dies kann beispielsweise durch die Automatisierung repetitiver Aufgaben oder die Bereitstellung wertvoller Datenanalysen erfolgen, die fundierte Entscheidungen unterstützen. Durch derartige positive Erfahrungen wird die Akzeptanz von KI in der Belegschaft gefördert und eine Innovationskultur geschaffen.

Ein wesentlicher Aspekt bei der Einführung von KI ist die Minimierung von Ängsten und Bedenken der Mitarbeitenden. Bei vielen Mitarbeitern bestehen Vorurteile gegenüber KI, die auf Unsicherheiten basieren. Dazu zählen beispielsweise die Befürchtung des Verlusts von Arbeitsplätzen oder die Komplexität der Technologie. Unternehmen sollten aktiv auf diese Ängste eingehen, indem sie transparente Kommunikationsstrategien entwickeln und die Mitarbeiter in den Prozess der KI-Integration einbeziehen. Durch offene Dialoge, in denen Fragen und Bedenken geäußert werden können, wird das Vertrauen in die Technologie gestärkt und die Mitarbeitermotivation erhöht.

Die Integration von KI in die Unternehmenskultur lässt sich durch die Schaffung interdisziplinärer Teams vorantreiben, die praktische Lösungsansätze entwickeln. Die Zusammenarbeit von IT-Spezialisten, Fachabteilungen und Mitarbeitern mit unterschiedlichen Hintergründen in solchen Teams ermöglicht es Unternehmen, KI-Anwendungen aus verschiedenen Perspektiven zu betrachten. Die Vielfalt der Teammitglieder fördert kreative Lösungen und erhöht die Wahrscheinlichkeit, dass die entwickelten Anwendungen den realen Bedürfnissen der Mitarbeiter entsprechen. Zudem können diese Teams als Botschafter für KI innerhalb des Unternehmens fungieren, indem sie ihre positiven Erfahrungen und Erfolge teilen.

Letztlich lässt sich festhalten, dass die Verankerung positiver Narrative über KI in der Unternehmenskultur nicht nur zur Akzeptanz der Technologie beiträgt, sondern auch die Motivation der Mitarbeiter stärkt. Unternehmen, die aktiv an der Gestaltung ihrer KI-Narrative arbeiten und diese mit praktischen Lösungen kombinieren, sind besser in der Lage, ihre Belegschaft für die Herausforderungen und Chancen der Zukunft zu begeistern und somit die Grundlage für eine erfolgreiche Zukunft zu schaffen. Eine solche Kultur der Offenheit und des Lernens wird dazu führen, dass KI nicht länger als Bedrohung, sondern als wertvolles Instrument zur Förderung von Innovation und Effizienz wahrgenommen wird.

7

Coaching der Mitarbeiter im Kontext von KI

Mitarbeiterförderung durch gezieltes Coaching in der KI-Arbeitswelt

7.1 Verständnis für die Funktionsweise von KI

Die digitale Transformation wirkt sich grundlegend auf die Arbeitswelt aus, wobei Künstliche Intelligenz eine zentrale Rolle spielt. Um Mitarbeiter auf die kommenden Veränderungen vorzubereiten, ist es unerlässlich, grundlegende Kenntnisse über die Funktionsweise von KI zu vermitteln. Der Begriff KI steht für Systeme und Technologien, die in der Lage sind, menschliche Fähigkeiten zur Problemlösung, Entscheidungsfindung und Mustererkennung nachzuahmen. Diese Technologien sind in der Lage, große Datenmengen zu analysieren und daraus Muster abzuleiten. Dadurch lassen sich in vielen Unternehmensbereichen Effizienzsteigerungen erzielen.

Ein wesentlicher Aspekt des Verständnisses von KI ist das Konzept des maschinellen Lernens. Es ermöglicht Computern, aus Erfahrungen zu lernen und sich im Laufe der Zeit zu verbessern. KI-Systeme nutzen Al-

---

Die Zukunft beginnt dort, wo Lernen und Technologie sich begegnen.

M. Peukert, *KI-Mindset entwickeln*, https://doi.org/10.1007/978-3-658-47902-2_7

gorithmen, um Daten zu verarbeiten und Vorhersagen zu treffen, statt explizit programmiert werden zu müssen. Die Fähigkeit zur Selbstoptimierung kann in verschiedenen Anwendungen genutzt werden, beispielsweise bei der Automatisierung von Routineaufgaben oder der Analyse von Kundenverhalten. Mitarbeiter müssen sich darüber im Klaren sein, dass diese Technologien lediglich als Hilfsmittel dienen, die ihre Arbeit erleichtern und nicht ersetzen sollen.

Die Ängste, die Mitarbeiter im Zusammenhang mit der Einführung von KI und Automatisierung empfinden, sind oft durch Unwissenheit und mangelnde Informationen bedingt. Ein effektives Coaching-Programm sollte daher nicht nur technologische Aspekte abdecken, sondern auch auf die emotionalen und psychologischen Bedürfnisse der Mitarbeiter eingehen. Durch eine transparente Erläuterung der Funktionsweise von KI können Missverständnisse vermieden und Ängste abgebaut werden. Nur mit einer transparenten Kommunikation über die Ziele und den Nutzen von KI im Unternehmen kann ein positives Mindset gefördert werden.

Darüber hinaus sollte das Coaching-Programm praktische Beispiele aus der Unternehmenspraxis umfassen, um den Mitarbeitern zu veranschaulichen, wie KI bereits erfolgreich eingesetzt wird. Schulungen, die den Umgang mit KI-Tools und -Anwendungen direkt vermitteln, stärken das Vertrauen der Mitarbeiter in ihre Fähigkeiten und zeigen auf, dass sie aktiv an der digitalen Transformation teilhaben können. Dies fördert nicht nur die Akzeptanz neuer Technologien, sondern auch die Motivation, sich kontinuierlich weiterzubilden und anpassungsfähig zu bleiben.

Es kann zusammenfassend festgestellt werden, dass ein fundiertes Verständnis von KI und deren Funktionsweise für die erfolgreiche Integration dieser Technologien in Unternehmen unerlässlich ist. Durch gezielte Coaching-Maßnahmen können Mitarbeiter auf die Herausforderungen der digitalen Transformation vorbereitet und für die Chancen sensibilisiert werden, die der Einsatz von KI bietet. Eine positive Einstellung zu KI kann dazu beitragen, dass Mitarbeiter sich als Teil eines innovativen Prozesses fühlen und somit die Transformation aktiv mitgestalten.

7.2 Aufklärung und Information im Rahmen einer Coaching-Strategie

Die Einführung neuer Technologien kann bei Mitarbeitern zu Befürchtungen und Unsicherheiten führen. Daher ist es unerlässlich, dass Unternehmen proaktive Coaching-Strategien entwickeln, um ihren Mitarbeitern die notwendigen Kenntnisse und das nötige Vertrauen zu vermitteln. Durch Aufklärung wird den Mitarbeitern ein Fundament geboten, auf dem sie ihre Ängste abbauen und sich in der neuen digitalen Landschaft orientieren können.

Im ersten Schritt des Coaching-Prozesses werden den Mitarbeitern die grundlegenden Konzepte von KI und Automatisierung verständlich gemacht. Die Zielsetzung von Workshops und Schulungen sollte darin bestehen, das Wissen der Mitarbeiter über die Funktionsweise dieser Technologien zu erweitern. Mithilfe von informativen Präsentationen und interaktiven Sessions können Mitarbeiter die Vorteile von KI erkennen und deren Anwendung im eigenen Arbeitsumfeld nachvollziehen. Die Vermittlung von Wissen ist der entscheidende Faktor, um ein tiefes Verständnis zu entwickeln und so etwaige Ängste abzubauen.

Neben der Wissensvermittlung spielt auch die offene Kommunikation eine entscheidende Rolle. Es sollte sichergestellt werden, dass Mitarbeiter die Möglichkeit haben, Bedenken und Fragen zu äußern. Regelmäßige Feedback-Runden und Diskussionsforen bieten eine Plattform, auf der über die Herausforderungen und Chancen von KI gesprochen werden kann. Diese transparenten Kommunikationswege fördern das Vertrauen zwischen Mitarbeitern und Führungskräften und tragen dazu bei, dass alle Beteiligten eine positive Einstellung gegenüber den bevorstehenden Veränderungen entwickeln. Durch den Austausch von Erfahrungen und Perspektiven kann eine positive Einstellung gegenüber der digitalen Transformation bei den Mitarbeitern gefördert werden.

Ein weiterer wichtiger Aspekt der Aufklärung ist das Aufzeigen von Erfolgsgeschichten innerhalb des Unternehmens oder von anderen Organisationen. Wenn Mitarbeiter sehen, wie KI und Automatisierung tatsächlich zur Verbesserung von Prozessen und zur Steigerung der Effizienz beitragen, können sie den konkreten Nutzen dieser Technologien erkennen. Die positiven Beispiele ermutigen die Mitarbeiter, sich aktiv mit den neuen Technologien auseinanderzusetzen und deren Potenzial zu erkennen. Dadurch wird eine ablehnende Haltung gegenüber den neuen Technologien vermieden.

Letztlich sollte das Coaching auch gezielt auf die persönliche Entwicklung der Mitarbeiter ausgerichtet sein. Individuelle Entwicklungspläne, die auf die spezifischen Bedürfnisse und Fähigkeiten jedes Mitarbeiters zugeschnitten sind, können dazu beitragen, dass diese sich sicherer im Umgang mit neuen Technologien fühlen. Durch gezielte Fortbildungsmaßnahmen und Mentoring-Programme wird nicht nur das technische Know-how gefördert, sondern auch die persönliche Resilienz der Mitarbeiter gestärkt. Aufklärung und Information sind somit nicht nur strategische Ansätze zur Vermittlung von Wissen, sondern auch wesentliche Elemente, um die Mitarbeiter auf ihrem Weg durch die digitale Transformation zu unterstützen und zu begleiten.

7.3 Praktische Übungen zur Förderung des Verständnisses

Die digitale Transformation erfordert ein tiefgreifendes Verständnis von Künstlicher Intelligenz und Automatisierung, um die Mitarbeiter eines Unternehmens auf die neuen Technologien vorzubereiten. Praktische Übungen sind ein effektives Mittel, um Ängste abzubauen und das Vertrauen in neue Technologien zu stärken. Die Übungen vermitteln nicht nur Wissen über KI, sondern auch die Fähigkeit, diese Technologien in den Arbeitsalltag zu integrieren. Im Folgenden werden verschiedene Methoden vorgestellt, die in Schulungen und Workshops zum Einsatz kommen können, um das Verständnis der Mitarbeiter zu vertiefen und eine positive Einstellung gegenüber digitalen Veränderungen zu fördern.

Eine grundlegende Übung besteht darin, den Mitarbeitern die Möglichkeit zu geben, selbst mit einfachen KI-Tools zu experimentieren. Hierbei können Programme verwendet werden, die eine leichte Zugänglichkeit gewährleisten, wie beispielsweise Chatbots oder einfache Machine Learning Anwendungen. Durch die Arbeit in Gruppen und die Lösung konkreter Aufgaben mit diesen Tools erfahren die Mitarbeiter, wie KI funktioniert und welche Potenziale sie bietet. Diese praktische Herangehensweise verbindet die Theorie mit der Praxis und fördert ein aktives Lernen, wodurch die Mitarbeiter motiviert und ihre Ängste verringert werden.

Ein weiterer wesentlicher Aspekt ist das Rollenspiel, bei dem die Mitarbeiter in unterschiedliche Szenarien versetzt werden, in denen KI und Automatisierung eine Rolle spielen. Die Übungen dienen dazu, die Auswirkungen von KI auf verschiedene Unternehmensbereiche zu verdeutlichen und die Mitarbeiter dazu zu bringen, sich aktiv mit den Veränderungen auseinanderzusetzen. Durch das Einnehmen unterschiedlicher Perspektiven gewinnen die Teilnehmer nicht nur ein besseres Verständnis für die Technologie, sondern entwickeln auch Empathie für die Herausforderungen, die damit einhergehen können. Durch Rollenspiele wird ein konstruktiver Dialog sowie eine erfolgreiche Zusammenarbeit gefördert, was für eine gelingende digitale Transformation unabdingbar ist.

Des Weiteren können Workshops zur Problemlösung durchgeführt werden, in denen die Mitarbeiter gemeinsam an realen Herausforderungen arbeiten, für deren Lösung der Einsatz von KI in Betracht kommt. Die Übungen bieten den Mitarbeitern die Möglichkeit, kreativ zu denken und innovative Lösungen zu entwickeln. Gleichzeitig gewinnen sie ein tieferes Verständnis für die technischen Möglichkeiten von KI. Durch das Experimentieren in einem unterstützenden Umfeld und das Ausprobieren neuer Ansätze können Mitarbeiter ihre Bedenken bezüglich der Automatisierung abbauen und ihr Selbstvertrauen im Umgang mit neuen Technologien stärken.

Schließlich ebenso wichtig sind ein regelmäßiges Feedback und eine Reflexion in den Trainingsprozess. Die Mitarbeiter sollten die Möglichkeit haben, ihre Erfahrungen und Beobachtungen aus den praktischen Übungen zu teilen, um voneinander zu lernen und ein gemeinsames Verständnis für die Herausforderungen und Chancen der digitalen Transformation zu entwickeln. Eine offene Kommunikationskultur, die auf Feedback basiert, fördert das Sicherheitsgefühl der Mitarbeiter und deren Bereitschaft, sich den Veränderungen zu stellen. Die Implementierung solcher praktischen Übungen fördert nicht nur das Verständnis von KI, sondern auch eine positive Einstellung gegenüber der digitalen Zukunft des Unternehmens.

7.4   Ethische Aspekte im Kontext KI-gestützten Coachings

Mit der fortschreitenden Integration von Künstlicher Intelligenz in den Coaching-Bereich eröffnen sich neue Möglichkeiten, jedoch auch bedeutende ethische Fragestellungen. Diese betreffen sowohl den Datenschutz und die Privatsphäre der Nutzer als auch die Transparenz und Fairness der eingesetzten Algorithmen. Eine reflektierte Auseinandersetzung mit diesen Themen ist unerlässlich, um Vertrauen zu schaffen und einen verantwortungsvollen Umgang mit KI im Coaching zu gewährleisten.

Ethische Chancen:

- Verbesserung der Zugänglichkeit:
  KI-gestütztes Coaching bietet Unternehmen die Möglichkeit, eine größere Anzahl von Mitarbeitern individuell zu unterstützen, unabhängig von geografischen oder finanziellen Einschränkungen. Dies fördert die Chancengleichheit und gewährleistet den Zugang zu hochwertigem Coaching für alle Mitarbeiterebenen.
- Die Objektivität ist gewährleistet.
  Im Gegensatz zu menschlichen Coaches, die möglicherweise von persönlichen Vorurteilen beeinflusst werden können, basieren KI-Entscheidungen auf Datenanalysen und vordefinierten Algorithmen. Dadurch wird eine objektive Entscheidungsfindung gewährleistet. Dies reduziert das Risiko von Diskriminierung und gewährleistet einheitliche Standards.
- Verbesserte Transparenz ist ein wesentlicher Bestandteil des Konzepts. Dank der lückenlosen Dokumentation aller Interaktionen und Entscheidungen durch gut programmierte KI-Tools können Unternehmen Coaching-Prozesse nun detaillierter analysieren. Dies führt zu einer optimierten Evaluierung der Programme.

Im Rahmen der Evaluierung bestehen ethische Bedenken.

- Wahrung von Datenschutz und Privatsphäre:
  KI-Coaching-Systeme sammeln und analysieren persönliche Daten der Mitarbeiter, um auf dieser Basis maßgeschneiderte Lösungen anzubieten. In diesem Zusammenhang ist zu klären, welche Sicherheitsvo-

rkehrungen für die Speicherung dieser Daten getroffen werden und welche Zugriffsberechtigungen bestehen. Die Einhaltung der Datenschutz-Grundverordnung (DSGVO) stellt insbesondere in Europa einen zentralen Aspekt dar.

* Transparenz der Algorithmen:
Bei vielen KI-Systemen handelt es sich um sogenannte Black Boxes. Das bedeutet, dass die genauen Entscheidungsprozesse und -kriterien für Nutzer und Unternehmen undurchsichtig bleiben. Dies kann zu einem Mangel an Vertrauen führen und das Gefühl verstärken, von einer „unsichtbaren Macht" beurteilt zu werden.

Die Qualität der Daten beeinflusst die Arbeitsfähigkeit der KI.

Die Effektivität eines KI-gestützten Coaching-Systems ist in hohem Maße von der Qualität der verwendeten Daten abhängig. Die Verwendung verzerrter oder unvollständiger Datensätze kann zu Empfehlungen führen, die als unfair oder ungenau wahrgenommen werden.

Mangelnde menschliche Empathie:

Obwohl KI-Tools in puncto Effizienz und Objektivität überzeugen, fehlt es ihnen an emotionaler Intelligenz und Einfühlungsvermögen, die menschliche Coaches auszeichnen. Insbesondere bei sensiblen Themen könnte dies als Nachteil wahrgenommen werden.

Um die Vorteile von KI im Coaching zu nutzen und gleichzeitig ethische Herausforderungen zu bewältigen, müssen Unternehmen klare Richtlinien für den Einsatz dieser Technologien entwickeln. Dazu zählt die Sicherstellung der Transparenz der Algorithmen, die Priorisierung des Datenschutzes sowie die Definition der Grenzen zwischen menschlichem und KI-gestütztem Coaching. Die Fokussierung auf ethische Standards ermöglicht es Unternehmen, nicht nur effektive, sondern auch verantwortungsbewusste Coaching-Programme zu implementieren.

7.5   KI und Diversität im Coaching

Die Integration von Künstlicher Intelligenz in den Coaching-Bereich eröffnet die Möglichkeit, Diversität und Inklusion auf innovative Weise zu fördern. KI kann durch datenbasierte Analysen und objektive Empfehlungen dazu beitragen, Coaching-Ressourcen gerechter zu verteilen. Gleichzeitig wirft der Einsatz dieser Technologie die Frage auf, wie Bias und Diskriminierung vermieden werden können. Die Berücksichtigung von Diversität im Coaching ist nicht nur ein ethisches Anliegen, sondern auch ein entscheidender Faktor für Innovation und nachhaltigen Erfolg in Unternehmen.

Die Chancen durch KI im diversitätsorientierten Coaching sind vielfältig.

- Personalisierung unabhängig von Hintergründen: KI-gestützte Systeme erkennen individuelle Bedürfnisse und Ziele, ohne von Vorurteilen beeinflusst zu werden. So wird sichergestellt, dass Mitarbeiter aller Geschlechter, Kulturen und Altersgruppen gleichermaßen Zugang zu maßgeschneiderten Coaching-Lösungen haben.
- Die Förderung von Vielfalt ist ein wesentlicher Bestandteil der Unternehmenskultur. Mithilfe von Datenanalysen, die durch KI unterstützt werden, können Muster und Ungleichheiten innerhalb von Unternehmen identifiziert werden. Dadurch wird eine faire und gleichberechtigte Förderung aller Mitarbeiter gewährleistet. Die gewonnenen Erkenntnisse ermöglichen die Umsetzung gezielter Maßnahmen zur aktiven Förderung von Diversität und Inklusion.
- Globale Skalierbarkeit: KI-Coaching-Systeme können in verschiedenen Sprachen und kulturellen Kontexten eingesetzt werden, was die Unterstützung von Teams in multinationalen Unternehmen erleichtert. Dadurch können kulturelle Barrieren überwunden und globale Teams besser integriert werden.
- Die Transparenz wird erhöht, indem KI-gestützte Systeme Entscheidungen und Empfehlungen dokumentieren. Dadurch wird eine transparente Grundlage für die Überprüfung und kontinuierliche Verbesserung der Fairness von Coaching-Prozessen in Unternehmen geschaffen.

Potenzielle Herausforderungen und Bedenken
- Bei der Anwendung von KI-Systemen ist zu berücksichtigen, dass diese aus historischen Daten lernen, die gesellschaftliche Vorurteile widerspiegeln können. Ohne eine sorgfältige Überprüfung besteht die Gefahr, dass diese Vorurteile in die Coaching-Prozesse übernommen werden, was bestehende Ungleichheiten weiter verstärkt.

- Kulturelle Sensibilität: KI-Systeme müssen so gestaltet sein, dass sie unterschiedliche kulturelle Werte und Perspektiven berücksichtigen. Ein „One-Size-Fits-All"-Ansatz ist nicht in der Lage, die Diversität angemessen zu berücksichtigen und kann daher zu unpassenden Empfehlungen führen.
- Repräsentation in den Daten: Wenn bestimmte Gruppen in den Trainingsdaten unterrepräsentiert sind, wirkt sich dies unmittelbar auf die Qualität der Empfehlungen aus. Daher muss eine diversifizierte und repräsentative Datenbasis geschaffen werden.
- Akzeptanz und Vertrauen der Mitarbeiter in die KI-Lösung: Insbesondere Mitarbeiter mit unterschiedlichen Hintergründen könnten einer KI skeptisch gegenüberstehen, wenn sie das Gefühl haben, dass ihre individuellen Bedürfnisse nicht ausreichend berücksichtigt werden.

KI hat das Potenzial, die Diversität im Coaching auf eine neue Ebene zu heben. Dazu bietet sie personalisierte, faire und inklusive Lösungen. Um das volle Potenzial ausschöpfen zu können, müssen Unternehmen jedoch aktiv gegen algorithmische Bias vorgehen, kulturelle Sensibilität in die Systeme integrieren und für eine repräsentative Datenbasis sorgen. Durch den verantwortungsvollen Einsatz von KI können Unternehmen nicht nur Diversität fördern, sondern auch ihre Innovationsfähigkeit und Mitarbeiterzufriedenheit langfristig stärken.

Sie verdeutlicht das Potenzial von KI, eine vielfältigere Coaching-Kultur zu fördern. KI kann dabei helfen, individuelle Bedürfnisse besser zu erkennen und Barrieren für benachteiligte Gruppen abzubauen.

7.6 Psychologische Auswirkungen von KI im Coaching

Die Integration von Künstlicher Intelligenz in Coaching-Prozesse hat nicht nur Auswirkungen auf die Art und Weise, wie Coaching durchgeführt wird, sondern auch auf die beteiligten Personen. Nicht nur Mitarbeiter und Führungskräfte, die an KI-gestütztem Coaching teilnehmen, sondern auch die Unternehmen, die solche Systeme implementieren, müssen die psychologischen Dynamiken verstehen, denn sie beeinflussen maßgeblich die Akzeptanz der Technologie und die langfristige Effektivität des Coachings.

Eine weitere wesentliche Veränderung ist die Entwicklung des Vertrauensverhältnisses.
Grundlage des Coachings ist traditionell eine persönliche Beziehung zwischen Coach und Coachee. Die Einführung von KI bringt eine neue, technologische Komponente in diesen sensiblen Prozess ein. Einerseits kann die objektive und datenbasierte Natur von KI das Vertrauen stärken, da Entscheidungen transparenter und weniger subjektiv wirken. Andererseits kann das Fehlen eines menschlichen Gegenübers dazu führen, dass Coachees sich weniger verstanden oder emotional unterstützt fühlen. Dies stellt eine Herausforderung dar, insbesondere in Situationen, in denen Empathie und emotionale Intelligenz eine zentrale Rolle spielen.

Das Gefühl der Überwachung und der Kontrollverlust sind wesentliche Aspekte, die es zu berücksichtigen gilt.
KI-Systeme sind in der Lage, große Mengen an Daten über die Nutzer zu sammeln und auszuwerten. Obwohl dies dazu beiträgt, personalisierte und präzisere Empfehlungen zu geben, kann es bei Mitarbeitern das Gefühl auslösen, ständig überwacht zu werden. Dies kann zu Stress und einem Verlust von Autonomie führen. Insbesondere in Unternehmen, in denen die Einführung von KI nicht hinreichend kommuniziert wird, könnten Widerstände hervorgerufen und die Akzeptanz behindert werden.

Mithilfe von Gamification kann die Motivation gesteigert werden.
Ein positiver psychologischer Effekt von KI ist ihre Fähigkeit, durch Gamification und Feedback die Motivation zu steigern. Punktesysteme, Fortschrittsbalken und personalisierte Ziele fördern die aktive Mitarbeit der Coachees an ihrer persönlichen Weiterentwicklung. Durch regelmäßiges Feedback und erzielte Erfolge wird das Gefühl der Selbstwirksamkeit gestärkt, was sich positiv auf die berufliche und persönliche Entwicklung auswirkt.

Die Abhängigkeit von Technologie ist ein Aspekt, der berücksichtigt werden muss.
Ein potenzielles Risiko der KI im Coaching ist zweifelsfrei die Abhängigkeit von der Technologie. Es besteht die Gefahr, dass Coachees sich darauf verlassen, dass KI alle Probleme löst, anstatt selbst aktiv an ihren Herausforderungen zu arbeiten. Eine solche passivere Haltung kann dazu führen, dass die Fähigkeit zur Selbstreflexion und Eigenverantwortung geschwächt wird. Unternehmen müssen daher darauf achten, dass KI nicht als Ersatz, sondern als Ergänzung zu bestehenden Coaching-Methoden genutzt wird.

Die Fähigkeit zur emotionalen Distanz:
Ein weiterer wesentlicher Aspekt ist die durch den Einsatz von KI mögliche Schaffung emotionaler Distanz. Menschliche Coaches sind in der Lage, nonverbale Signale wie Tonfall und Körpersprache zu interpretieren. KI-Systeme verfügen jedoch häufig nicht über diese Fähigkeit. Dies kann dazu führen, dass emotionale Bedürfnisse oder subtile Herausforderungen der Coachees übersehen werden, was die Effektivität des Coachings beeinträchtigen könnte.

Chancen für die psychologische Sicherheit:
Andererseits kann KI dazu beitragen, eine sichere Umgebung für Feedback und Reflexion zu schaffen. Coachees könnten sich wohler fühlen, persönliche Schwächen oder Fehler einem anonymen System mitzuteilen als einem menschlichen Coach. Die Anonymität kann dazu beitragen, Hemmschwellen abzubauen und eine ehrliche Auseinandersetzung mit den eigenen Herausforderungen zu fördern.

Herausforderungen für die psychische Gesundheit:
Die Einführung von KI in Coaching-Prozessen birgt das Risiko ungewollter Auswirkungen auf die psychische Gesundheit. Mitarbeiter, die Schwierigkeiten bei der Anpassung an die Technologie haben, könnten Stress oder ein Gefühl der Inkompetenz erleben. Insbesondere Mitarbeiter, die dem Unternehmen bereits seit längerer Zeit angehören oder über eine geringe technische Affinität verfügen, könnten sich von den neuen Technologien überfordert fühlen. Um psychische Belastungen zu minimieren, sind unterstützende Maßnahmen wie Schulungen und eine klare Kommunikation unerlässlich.

Die psychologischen Auswirkungen von KI im Coaching sind vielschichtig und komplex. KI kann durch ihre objektive, personalisierte und gamifizierte Herangehensweise durchaus positive Effekte wie Motivation und psychologische Sicherheit fördern. Gleichzeitig birgt sie jedoch auch Herausforderungen wie emotionale Distanz, Abhängigkeit und das Gefühl der Überwachung. Bei der Einführung von KI-gestütztem Coaching sollten Unternehmen diese Dynamiken sorgfältig berücksichtigen. Eine klare Kommunikation, unterstützende Maßnahmen und ein ausgewogener Einsatz von Technologie und menschlichem Coaching sind notwendig, um die Vorteile von KI zu maximieren und potenzielle psychologische Belastungen zu minimieren. Letztlich sollte KI als Werkzeug betrachtet werden, das den Coaching-Prozess bereichert, ohne die menschliche Komponente zu ersetzen.

7.7   Gamification und Motivation durch KI

Gamification bezeichnet den Einsatz spieltypischer Elemente in nichtspielerischen Kontexten mit dem Ziel, Motivation und Engagement zu steigern. In KI-gestützten Coaching-Prozessen eröffnet dieser Ansatz innovative Möglichkeiten zur aktiven Einbindung von Teilnehmern und Förderung ihrer Weiterentwicklung. Durch den Einsatz von Belohnungssystemen, Fortschrittsanzeigen und Herausforderungen lassen sich Coaching-Erfahrungen ansprechender und nachhaltiger gestalten.

Förderung der intrinsischen Motivation
Gamification setzt auf Mechanismen, die darauf abzielen, die innere Motivation der Coachees zu aktivieren. Fortschrittsbalken, Level-Up-Systeme oder das Erreichen von Meilensteinen vermitteln ein Gefühl von Erfolg und Selbstwirksamkeit. Die Teilnehmer werden dazu ermutigt, ihre Fähigkeiten kontinuierlich zu verbessern, da sie den Fortschritt ihrer Bemühungen jederzeit visuell nachvollziehen können. KI-gestützte Systeme ermöglichen eine individuelle Anpassung der Fortschritte, wodurch personalisierte Herausforderungen entstehen, die weder über- noch unterfordernd wirken.

Steigerung der extrinsischen Motivation

Neben der intrinsischen Motivation spielt auch die extrinsische Motivation eine wichtige Rolle. KI-basierte Coaching-Plattformen können zudem Belohnungssysteme integrieren, bei denen Teilnehmer für ihre Fortschritte Abzeichen, Punkte oder virtuelle Auszeichnungen erhalten. Die Belohnungen können zudem durch materielle Anreize ergänzt werden, beispielsweise in Form von Gutscheinen oder dem Zugang zu exklusiven Weiterbildungsressourcen. Die Aussicht auf Belohnungen steigert die Bereitschaft zur Teilnahme und fördert ein höheres Engagement.

Personalisierung durch KI

Ein wesentlicher Vorteil von KI besteht in der Möglichkeit, Gamification-Elemente auf die individuellen Bedürfnisse und Vorlieben der Coachees abzustimmen. KI-Systeme können auf Basis von Datenanalysen personalisierte Ziele setzen und spezifisches Feedback geben, das auf die Leistung und Fortschritte des Einzelnen eingeht. Dies steigert nicht nur die Motivation, sondern auch die Effektivität des Coachings, da jeder Teilnehmer in seinem eigenen Tempo lernen und wachsen kann.

Förderung von Wettbewerb und Zusammenarbeit

Gamification-Elemente wie Ranglisten oder Team-Challenges können sowohl den Wettbewerb als auch die Zusammenarbeit fördern. Der Vergleich mit den Leistungen von Kollegen schafft einen Anreiz, die eigene Performance zu optimieren. Gleichzeitig können Teamziele und kooperative Aufgaben die Zusammenarbeit stärken und eine positive Dynamik innerhalb von Gruppen schaffen. KI-gestützte Plattformen fördern gezielt soziale Interaktionen und sprechen dadurch die Motivation auf verschiedenen Ebenen an.

Gefahr der Überforderung

Obwohl Gamification zahlreiche Vorteile bietet, besteht das Risiko, dass Teilnehmer durch übermäßigen Wettbewerb oder unrealistische Ziele demotiviert werden. Daher müssen Unternehmen ein ausgewogenes Verhältnis zwischen Herausforderung und Umsetzbarkeit bewahren. KI-Systeme unterstützen Unternehmen dabei, die Leistung der Teilnehmer kontinuierlich zu überwachen und Ziele entsprechend anzupassen, um Überforderung zu vermeiden.

Langfristige Motivation durch Feedback

Ein weiterer wesentlicher Aspekt von Gamification ist die regelmäßige Rückmeldung. KI-gestützte Systeme stellen Teilnehmern Echtzeit-Updates zu ihren Fortschritten zur Verfügung und geben spezifische Tipps und Empfehlungen zur weiteren Verbesserung. Das kontinuierliche Feedback stärkt das Vertrauen der Teilnehmer in den Coaching-Prozess und sorgt für eine nachhaltige Motivation, die gesteckten Ziele zu verfolgen.

7.8 Peer-Coaching mit KI – ein Ausblick auf die Zukunft

Peer-Coaching bezeichnet eine Methode der Zusammenarbeit, bei der Mitarbeiter sich gegenseitig unterstützen, um Wissen zu teilen und persönliche wie berufliche Herausforderungen zu bewältigen. KI kann diese Form der Zusammenarbeit transformieren, indem sie neue Werkzeuge bereitstellt, die den Coaching-Prozess strukturieren, optimieren und personalisieren.

Die Chancen, die sich aus der Nutzung künstlicher Intelligenz in diesem Kontext ergeben, sind vielfältig. Die Zuordnung der Peer-Coaching-Paare erfolgt optimal.

KI-gestützte Plattformen analysieren Daten wie Kompetenzprofile, Kommunikationspräferenzen und Entwicklungsziele, um die passenden Peer-Coaching-Paare oder Gruppen zusammenzustellen. Dadurch werden Konflikte reduziert und eine effektive Zusammenarbeit gefördert.

7.8.1 Klar strukturierte Prozesse

KI kann Coaching-Sitzungen durch die Bereitstellung strukturierter Vorschläge für Gesprächsthemen, Reflexionsfragen oder Übungen unterstützen. Dadurch wird sichergestellt, dass die Sitzungen zielführend sind und den Fokus behalten.

7.8.2 Echtzeit-Analysen und Einblicke

KI-Tools ermöglichen die Analyse von Interaktionen und die Bereitstellung von Feedback in Echtzeit, wodurch der Fortschritt der Zusammenarbeit gefördert wird. Diese Funktion unterstützt die Beteiligten dabei, potenzielle Herausforderungen frühzeitig zu identifizieren und anzugehen.

7.8.3 Förderung der Selbstreflexion

KI kann den Coaching-Prozess um Fragen und Anregungen ergänzen, die die Teilnehmer zur Selbstreflexion anregen. Dies fördert das Verständnis der Mitarbeiter für ihre eigenen Stärken und Schwächen, was eine wichtige Grundlage für die Weiterentwicklung darstellt.

7.8.4 Langfristige Entwicklung und Nachverfolgung

Peer-Coaching-Programme können durch KI-Systeme ergänzt werden, welche die langfristige Dokumentation von Fortschritten und die Messung von Erfolgen ermöglichen. Dies bietet Teilnehmern und Unternehmen eine wertvolle Übersicht über den Mehrwert solcher Initiativen.

7.8.5 Gewährleistung von Datensicherheit und Vertrauen

Die Gewährleistung von Datensicherheit und Vertrauen sind wesentliche Faktoren in der Zusammenarbeit.

Oftmals ist die Offenlegung sensibler Informationen erforderlich, wenn ein Peer-Coaching stattfindet. KI-Systeme, die diese Daten verarbeiten, müssen gewährleisten, dass sie geschützt bleiben, um das Vertrauen der Mitarbeitenden nicht zu gefährden.

7.8.6 Automatisierungsrisiko

Zu stark strukturierte KI-Ansätze bergen das Risiko, den Coaching-Prozess zu entmenschlichen. Peer-Coaching basiert auf Empathie und intuitivem Verständnis, wobei diese Aspekte durch KI nicht vollständig ersetzt werden können.

7.8.7 Autonomieverlust

Es besteht die Möglichkeit, dass Teilnehmer das Gefühl bekommen, dass ihre Entscheidungen durch KI-gestützte Vorschläge übermäßig beeinflusst werden. Dies könnte sich nachteilig auf die Eigeninitiative im Peer-Coaching auswirken.

7.8.8 Komplexität

Die Integration von KI in Peer-Coaching-Programme setzt technisches Know-how sowie eine klare Schulung der Teilnehmer voraus. Eine unzureichende Vorbereitung könnte dazu führen, dass Mitarbeiter überfordert sind oder die Systeme ablehnen.

7.8.9 Vermeiden von Verzerrung (Bias)

KI-Systeme können unbewusste Vorurteile verstärken, wenn sie auf fehlerhaften oder unvollständigen Datensätzen basieren. Dies könnte sich nachteilig auf die Qualität und Neutralität der Coaching-Empfehlungen auswirken.

7.9 Die Bedeutung der emotionalen Intelligenz im Kontext von KI-Coaching

Emotionale Intelligenz (EQ) bezeichnet die Fähigkeit, eigene Emotionen und die anderer wahrzunehmen, zu verstehen und gezielt zu steuern. In einer Arbeitswelt, die zunehmend von Künstlicher Intelligenz geprägt ist, bleibt EQ eine unerlässliche Kompetenz, um menschliche Interaktionen und Zusammenarbeit zu fördern. Im Kontext von KI-gestütztem Coaching stellt emotionale Intelligenz eine entscheidende Ergänzung zu datenbasierten Analysen und automatisierten Prozessen dar.

Die Chancen, die sich aus der Kombination von KI-gestütztem Coaching und emotionaler Intelligenz ergeben, sind vielversprechend. Die menschliche Verbindung muss bewahrt werden.

KI liefert im Coaching datenbasierte Einblicke, während emotionale Intelligenz die persönliche Verbindung zwischen Coach und Coachee stärkt. Diese Verbindung baut Vertrauen auf und stärkt die Bereitschaft, sensible Themen anzugehen.

Ergänzend sei darauf verwiesen, dass KI-Feedback eine wesentliche Rolle spielt. KI-Systeme sind in der Lage, Muster in Sprache und Verhalten zu erkennen, was die emotionale Intelligenz fördert. Coaches können diese Erkenntnisse nutzen, um die emotionalen Bedürfnisse des Coachees gezielt zu adressieren.

7.9.1 Förderung von Soft Skills

KI-gestütztes Coaching ermöglicht die gezielte Entwicklung emotionaler Kompetenzen wie Empathie, Konfliktlösung und Stressmanagement, die im zwischenmenschlichen Kontext eine große Rolle spielen.

7.9.2 Maßgeschneiderte Ansätze

Die Kombination von EQ und KI ermöglicht es Coaches, individuell angepasste Strategien zu entwickeln, die sowohl technische als auch emotionale Aspekte berücksichtigen. Dadurch wird eine ganzheitliche Perspektive im Coaching-Prozess gewährleistet.

7.9.3 Resultat: verbesserte Teamdynamik

KI-gestütztes Coaching fördert die emotionale Intelligenz auf Teamebene, indem es Muster in Teaminteraktionen analysiert und Vorschläge zur Verbesserung der Zusammenarbeit unterbreitet.

Es bestehen jedoch Bedenken hinsichtlich der Datensicherheit. Durch den verstärkten Einsatz von KI-Systemen besteht die Gefahr einer reduzierten Empathie.

Der verstärkte Einsatz von KI im Coaching birgt das Risiko, dass emotionale Aspekte vernachlässigt werden. KI-Systeme können nicht die gleiche Tiefe an Empathie bieten wie ein Mensch.

Herausforderungen könnten jedoch sein:

7.9.4 Fehlinterpretation von Emotionen

Die Fähigkeit von KI, emotionale Signale zu analysieren, birgt das Risiko einer falschen Interpretation. Es besteht das Risiko, dass KI-Systeme emotionale Nuancen übersehen, die von Kontext und Kultur abhängen.

7.9.5 Starke Abhängigkeit von Daten

Es besteht die Gefahr, dass Coaches sich zu stark auf KI-gestützte Analysen verlassen und dabei ihre eigenen emotionalen Wahrnehmungen und intuitiven Fähigkeiten vernachlässigen. Es besteht die Gefahr eines Ungleichgewichts zwischen Technologie und Menschlichkeit. Bei einer zu starken Fokussierung auf KI-basierte Lösungen besteht das Risiko, dass das menschliche Element im Coaching-Prozess an Bedeutung verliert. Dies könnte sich nachteilig auf das Engagement und die Zufriedenheit der Coachees auswirken.

7.9.6 Ethische Grundsätze und Datenschutz

Für die Durchführung emotionaler Analysen durch KI ist die Verwendung sensibler Daten erforderlich. Ohne klare Richtlinien besteht das Risiko, dass diese Daten missbraucht oder unzureichend geschützt werden.

In einer Arbeitswelt, die zunehmend von KI geprägt ist, bleibt emotionale Intelligenz ein entscheidender Faktor für effektive Coaching-Prozesse. Sie stellt eine sinnvolle Ergänzung zu den Stärken von KI dar, indem sie den Fokus auf die menschliche Dimension legt. Die Kombination von technologischen und emotionalen Ansätzen in der Arbeit von Coaches kann eine nachhaltige Entwicklung von Individuen und Teams fördern. Unternehmen sollten daher sicherstellen, dass emotionale Intelligenz nicht nur ein Ziel des Coachings ist, sondern auch in der Gestaltung von KI-gestützten Coaching-Programmen berücksichtigt wird.

7.10 KI-Coaching in der Krisenbewältigung

In Krisensituationen sehen sich Unternehmen und Mitarbeiter oft mit Stress, Unsicherheiten und Herausforderungen konfrontiert, die ein schnelles Handeln und resiliente Strategien erfordern. KI-gestütztes Coaching bietet innovative Ansätze, um Unternehmen und Einzelpersonen dabei zu unterstützen, Krisen effektiv zu bewältigen. Es zielt darauf ab, Stressmanagement, Entscheidungsfindung und langfristige Resilienz zu fördern.

Die Chancen, die sich daraus ergeben, sind vielversprechend.

7.10.1 Zeitnahe Analyse von Stressfaktoren

KI-Tools sind in der Lage, große Datenmengen in Echtzeit zu analysieren, um die Hauptursachen von Stress und Unsicherheit zu identifizieren. Dadurch können Maßnahmen zeitnah und gezielt ergriffen werden.

7.10.2 Individuelles Stressmanagement

KI-basierte Plattformen bieten die Möglichkeit, personalisierte Empfehlungen für Entspannungstechniken, Zeitmanagement oder Stressreduktion zu erhalten. Mitarbeiter erhalten somit direkt umsetzbare Lösungen, um mit belastenden Situationen adäquat umzugehen.

7.10.3 Krisenszenarien als Vorbereitung auf belastende Situationen

In sicheren Umgebungen kann KI eingesetzt werden, um Krisenszenarien zu simulieren und Führungskräfte sowie Teams auf reale Herausforderungen vorzubereiten. Dadurch wird ein proaktives Handeln in Krisensituationen gefördert.

7.10.4   Verbesserte Kommunikation

KI-Coaching-Tools analysieren Kommunikationsmuster in Teams und machen Vorschläge zu deren Optimierung. Dadurch lassen sich Missverständnisse und Konflikte in Krisenzeiten minimieren.

7.10.5   Resilienzförderung durch Datenanalyse

Langfristig sind KI-Systeme in der Lage, Muster zu erkennen, die zu wiederkehrenden Problemen führen, und entsprechende Strategien zur nachhaltigen Lösung dieser Probleme vorzuschlagen. Dies führt zu einer Stärkung der organisatorischen und individuellen Resilienz.

7.10.6   Durchgängige Verfügbarkeit rund um die Uhr

KI-gestützte Systeme wie Chatbots oder virtuelle Coaches stehen rund um die Uhr zur Verfügung, um in akuten Stresssituationen Unterstützung zu bieten. Dies stellt einen wesentlichen Vorteil gegenüber traditionellen Coaching-Ansätzen dar.
Es bestehen jedoch auch Bedenken.

7.10.7   Fehlende menschliche Empathie

Obgleich KI über die Kompetenz verfügt, Daten zu analysieren und Empfehlungen zu generieren, mangelt es ihr an emotionaler Tiefe und Verständnis, um in Krisensituationen adäquat zu agieren.

7.10.8   ertrauensprobleme bei sensiblen Themen

Es besteht die Möglichkeit, dass Mitarbeiter persönliche oder emotionale Details nicht mit einer KI teilen, insbesondere in stressigen oder sensiblen Situationen.

7.10.9   Eine zu hohe Abhängigkeit von Technologie

Die Nutzung von KI könnte dazu führen, dass Unternehmen weniger in menschliche Coaching-Kompetenzen investieren. Dies könnte langfristig negative Auswirkungen auf die emotionale Unterstützung haben.

7.10.10   Ethik und Datenschutz

In Krisensituationen besteht die Möglichkeit, sensible Daten zu analysieren und zu speichern, was ethische und rechtliche Herausforderungen im Umgang mit diesen Informationen mit sich bringt.

7.10.11   Unzureichender Kontext

Eine unzureichende Kontextualisierung kann zu Schwierigkeiten bei der Interpretation der Daten führen. KI-Systeme sind möglicherweise nicht in der Lage, den gesamten Kontext einer Krisensituation zu erfassen, was dazu führen kann, dass ihre Empfehlungen nicht immer angemessen oder hilfreich sind.

Diese Perspektive verdeutlicht, dass KI-Coaching in der Krisenbewältigung nicht nur als reaktive Lösung, sondern auch als präventive und strategische Unterstützung eine entscheidende Rolle spielen kann. Das Ziel ist, Menschen dazu zu befähigen, besser vorbereitet zu sein, und ihnen die erforderlichen Werkzeuge an die Hand zu geben, um Krisen effektiv zu meistern.

Der Artikel „Von der Prävention bis zur Rettung: KI als Schlüsseltechnologie im Krisenmanagement"[1] beleuchtet die vielfältigen Einsatzmöglichkeiten von Künstlicher Intelligenz in der Krisenbewältigung. KI-Technologien ermöglichen die Früherkennung von Risiken, optimieren Rettungseinsätze und koordinieren Hilfsmaßnahmen effizienter. Die Analyse umfangreicher Daten, beispielsweise aus Satellitenbildern und

---

[1] https://www.ralu.ch/von-der-praevention-bis-zur-rettung-ki-als-schluesseltechnologie-im-krisen-management/.

sozialen Medien, ermöglicht es KI-Systemen, Muster zu identifizieren, die für die Vorhersage und Bewertung von Katastrophenrisiken nützlich sind. Dies ermöglicht eine schnellere und gezieltere Reaktion in Krisensituationen, eine bessere Schadensbegrenzung und die Rettung von Menschenleben.

Ein konkretes Beispiel ist das Projekt „AI for Earth" von Microsoft, das Künstliche Intelligenz einsetzt, um Herausforderungen in den Bereichen Klimawandel, Landwirtschaft, Biodiversität und Wasser anzugehen. Ein weiteres Beispiel ist das „Global Flood Monitoring System" der NASA. Es überwacht und prognostiziert Hochwasserereignisse weltweit mittels Satellitendaten in Echtzeit. Diese Systeme verkürzen die Reaktionszeiten und steigern die Effektivität von Hilfsmaßnahmen, indem sie präzise Daten liefern, die als Grundlage für Entscheidungen dienen.

Die Einbindung von KI in Krisenmanagementprozesse verdeutlicht, wie Technologie traditionelle Methoden transformiert und neue Potenziale für Prävention und Reaktion erschließt. Dies verdeutlicht die Relevanz von KI als kreativen Impulsgeber im Rahmen der Krisenbewältigung.

7.11 Erfolgsmessung von KI-basiertem Coaching

Die Integration von KI in den Coachingmarkt eröffnet neue Möglichkeiten zur systematischen Messung von Erfolg und Effektivität. Dieser Abschnitt beleuchtet die wichtigsten Metriken und Ansätze zur Bewertung der Wirksamkeit und des ROI (Return on Investment) von KI-gestütztem Coaching.

Chancen: Metriken und Ansätze zur Erfolgsmessung

– Performance-Indikatoren

Analyse von Produktivitätsdaten und Zielerreichung.

– Messung von Verbesserungen in der Effizienz und Qualität der Arbeit.
– Feedback-Analysen

Verwendung von KI zur Analyse qualitativer Rückmeldungen.

- Erstellung von quantifizierbaren Daten aus Befragungen und Bewertungen.
- Soft-Skill-Entwicklung

Fortschritte in Bereichen wie Kommunikationsfähigkeit und Teamarbeit durch KI-gestützte Bewertungen erfassen.

- Engagement-Raten

Messung der Nutzungshäufigkeit und Abschlussraten von Coaching-Sitzungen auf KI-Plattformen.

- Langzeit-Monitoring

Verfolgung von Karriereschritten und deren Zusammenhang mit Coaching-Programmen.

- Bedenken: Herausforderungen bei der Erfolgsmessung
- Intangible Ergebnisse

Schwierigkeiten bei der quantitativen Messung von subjektiven Verbesserungen wie Selbstvertrauen oder Zufriedenheit.

- Datenqualität und Verzerrungen

Abhängigkeit der Ergebnisse von der Datenqualität und der Vermeidung von Bias in der Analyse.

- Datenschutz

Notwendigkeit eines sicheren Umgangs mit sensiblen persönlichen Daten zur Wahrung der Privatsphäre.

- Indirekte ROI-Bewertung

Herausforderung, den genauen finanziellen Mehrwert eines Coaching-Programms nachzuweisen.

Beispiel für Unternehmen: KI-Coaching im Einsatz und Erfolgsmessung

Kontext:

Ein mittelständisches Unternehmen führt ein KI-gestütztes Coaching-Programm ein, um die Führungsfähigkeiten seiner Teamleiter zu verbessern und ihre Zielerreichung zu steigern. Dafür nutzt das Unternehmen eine Kombination aus Plattformen wie Involve.me für Feedback, LinkedIn Learning für individuelle Lerninhalte und ein KI-gestütztes Zeitmanagement-Tool wie Todoist.

1. Fortschrittsüberwachung der Teamleiter

   – Tool: LinkedIn Learning.

   Die Plattform erstellt personalisierte Lernpfade für jeden Teamleiter, basierend auf deren Entwicklungszielen.

   – Fortschrittsdaten wie abgeschlossene Module, Zeitaufwand und Quiz-Ergebnisse werden aufgezeichnet.
   – Metrik: 80 % der Teamleiter haben ihre Lernziele innerhalb von drei Monaten zu 90 % erreicht.

2. Feedback zur Coaching-Erfahrung

   – Tool: Involve.me-Formulare.

   Nach jeder Coaching-Sitzung füllen die Teilnehmer ein kurzes Feedback-Formular aus, in dem sie angeben, wie relevant die Inhalte waren und ob sie sich auf ihre Arbeit anwenden lassen.

   – Metrik: 92 % der Teamleiter bewerten die Sitzungen als hilfreich für ihre täglichen Herausforderungen.

3. Verbesserung der Zielerreichung

   – Tool: Todoist mit KI-Erinnerungen.

   Das Zeitmanagement-Tool erinnert die Teamleiter an ihre OKRs (Objectives and Key Results) und sendet wöchentliche Updates zu ihren Fortschritten.

   – Metrik: Die durchschnittliche Zielerreichungsrate im Unternehmen stieg von 70 % auf 85 %.

4. Engagement-Raten im Coaching

   – Tool: KI-gestützter Chatbot für spontane Fragen.

Ein Chatbot wird als Coaching-Assistent eingesetzt, um Teamleitern schnelle Antworten auf Fragen zu geben oder sie in schwierigen Situationen zu unterstützen.

– Metrik: 75 % der Teilnehmer nutzen den Chatbot wöchentlich mindestens einmal und bewerten die Funktionalität mit 4,7 von 5 Punkten.

7.12 Auswirkungen von KI auf den Coachingmarkt

Die Einführung von Künstlicher Intelligenz hat vielfältige und grundlegende Auswirkungen auf den Coachingmarkt. Sie eröffnet neue Chancen, stellt aber auch Herausforderungen dar. In diesem Kapitel wird erörtert, wie KI den Zugang zu Coaching, die Arbeitsweise von Coaches und die Erwartungen der Klienten verändern könnte.

Die Coachingbranche steht vor einem grundlegenden Wandel. KI-gestützte Tools und Plattformen eröffnen die Möglichkeit, personalisierte und skalierbare Coaching-Angebote zu schaffen, die über traditionelle Ansätze hinausgehen. Gleichzeitig wird die Rolle des menschlichen Coaches neu definiert, da KI zunehmend operative Aufgaben übernimmt und tiefgreifendere Analysen ermöglicht.

Die Entwicklungen im Bereich KI bieten dem Coachingmarkt vielversprechende Chancen
Erweiterte Zugänglichkeit.

* Zu den Vorteilen von KI-gestützten Plattformen wie BetterUp oder CoachHub gehört, dass sie erschwingliche und skalierbare Coaching-Modelle bieten. Dadurch können Unternehmen ihren Mitarbeitern auf allen Ebenen Zugang zu individuellen Entwicklungsprogrammen bieten.
* Ein mittelständisches Unternehmen kann über eine KI-Plattform Coaching für alle Mitarbeiter anbieten, was früher nur Führungskräften vorbehalten war.

Personalisierung durch Datenanalysen:

- KI nutzt umfangreiche Datenanalysen, um individuelle Bedürfnisse und Entwicklungspotenziale von Klienten präzise zu erkennen und darauf aufbauend maßgeschneiderte Angebote zu entwickeln. Dadurch wird jedes Coaching zielgerichteter und effektiver.
  Ein Beispiel hierfür ist eine Plattform, die das Feedback eines Mitarbeiters analysiert und ihm daraufhin gezielte Lern- und Entwicklungsschritte vorschlägt.

Zeit- und kosteneffiziente Lösung:

- KI übernimmt zeitintensive Aufgaben wie Terminplanung, Fortschrittsüberwachung und Dokumentation, wodurch Coaches sich auf den eigentlichen Coaching-Prozess konzentrieren können.

Fortschreitende Globalisierung und Vernetzung:

- Dank KI-gestützter Übersetzungen und interaktiver Tools ist Coaching unabhängig von Sprache und geografischen Grenzen. Coaches und Klienten aus aller Welt können ohne Aufwand zusammenarbeiten.
  Ein Beispiel: Ein Coach in Deutschland betreut Klienten in Japan, wobei eine KI sprachliche und kulturelle Unterschiede überbrückt.

Potenzielle Herausforderungen und Risiken
- Sicherstellung von Qualitätsstandards sowie das Aufrechterhalten von Vertrauen:
  Die wachsende Zahl von KI-basierten Coaching-Plattformen birgt das Risiko einer Fragmentierung der Branche und einer damit einhergehenden Qualitätsvariation. Es besteht die Gefahr, dass Klienten Schwierigkeiten haben, zwischen seriösen und minderwertigen Angeboten zu unterscheiden.

- Wettbewerbsdruck:
  KI-basierte Plattformen könnten zu einer Erhöhung des Preisdrucks auf traditionelle Coaches führen. Es ist empfehlenswert, dass Coaches ihre Dienstleistungen stärker differenzieren, beispielsweise durch spezialisierte Nischen oder die Betonung emotionaler Intelligenz.
- Fehlende menschliche Verbindung:
  Trotz technologischer Fortschritte ist es nur begrenzt möglich, KI-Empathie, zwischenmenschliche Nuancen und emotionale Intelligenz nachzuahmen. Dies könnte bei Klienten das Gefühl der Isolation verstärken.
- Einhaltung von Datenschutz- und Ethikrichtlinien:
  Die Nutzung sensibler persönlicher Daten birgt gewisse Risiken. Klienten könnten Bedenken hinsichtlich der Privatsphäre äußern, insbesondere, wenn Daten für automatisierte Analysen verwendet werden.

8

Praktische Lösungsansätze für die Integration von KI vermitteln

Schritt-für-Schritt-Anleitungen zur erfolgreichen Einführung von Künstlicher Intelligenz in Unternehmen

8.1 Schrittweise Implementierung von KI in Unternehmen

Die erfolgreiche Implementierung von Künstlicher Intelligenz in Unternehmen erfordert ein solides Verständnis für die Technologie und deren Potenziale. Der erste Schritt auf diesem Weg ist die Entwicklung eines umfassenden Wissens über KI. Das Wissen um die Grundlagen der KI, ihre Funktionsweise und die verschiedenen Anwendungsbereiche, die für das Unternehmen relevant sein könnten, ist dabei von zentraler Bedeutung. Schulungsprogramme und Workshops sind effektive Instrumente, um Führungskräfte und Mitarbeitende gleichermaßen über die Möglichkeiten und Grenzen von KI zu informieren. Ein solides Verständnis der Technologie ist nicht nur eine Voraussetzung für deren optimale Nutzung, sondern auch für das Vertrauen in deren Anwendung.

Innovation beginnt dort, wo Mut auf Wissen trifft.

M. Peukert, *KI-Mindset entwickeln*, https://doi.org/10.1007/978-3-658-47902-2_8

Kommunizieren Sie den praktischen Nutzen von KI für Ihre Mitarbeiter und motivieren Sie sie, diese Technologie in ihrer täglichen Arbeit einzusetzen. Dabei sollten konkrete Beispiele aus der Branche aufgeführt werden, die aufzeigen, wie KI-Prozesse optimiert, Zeit gespart und Entscheidungen verbessert werden können. Es empfiehlt sich zudem, Pilotprojekte zu initiieren, die den Mitarbeitern die Möglichkeit bieten, KI-Tools in einem geschützten Rahmen auszuprobieren. Erfolgserlebnisse und positive Rückmeldungen tragen dazu bei, Vorbehalte abzubauen und die Akzeptanz zu erhöhen.

Unternehmen müssen häufig bestehende Ängste und Bedenken gegenüber KI überwinden. Eine offene und transparente Kommunikation hilft, diese Ängste abzubauen. Durch Workshops, in denen Mitarbeiter ihre Sorgen äußern und diskutieren können, wird ein Klima des Vertrauens geschaffen. Zudem sollten Unternehmen aktiv auf die Bedenken eingehen und Informationen bereitstellen, wie KI die Arbeitsplätze der Mitarbeiter ergänzen, aber nicht ersetzen kann. Verdeutlichen Sie Ihren Mitarbeitern die Intention hinter KI. KI sollte nicht als Bedrohung, sondern als Unterstützung verstanden werden.

Der nächste Schritt in der Implementierung ist die Entwicklung praktischer Lösungsansätze für die Integration von KI in den Unternehmensalltag. Dies beinhaltet die Auswahl geeigneter KI-Tools, die Schulung der Mitarbeiter im Umgang mit diesen Technologien sowie die Schaffung einer Infrastruktur, die den Einsatz von KI unterstützt. Des Weiteren ist es empfehlenswert, dass Unternehmen interdisziplinäre Teams bilden, um verschiedene Perspektiven zusammenzubringen und innovative Ideen zur Anwendung von KI zu entwickeln. Eine schrittweise Integration, die Raum für Anpassungen und Feedback lässt, erleichtert den Übergang und fördert die Akzeptanz.

Zusammenfassend lässt sich festhalten, dass die Implementierung von KI in Unternehmen ein komplexer Prozess ist, der eine sorgfältige Planung und Umsetzung erfordert. Die Entwicklung eines fundierten Verständnisses für KI, die Motivation der Mitarbeiter, der Abbau von Ängsten und die Bereitstellung praktischer Lösungsansätze sind wesentliche Faktoren für die erfolgreiche Integration von KI in Unternehmen. Die effektive Nutzung von KI wird letztlich nicht nur die Wettbewerbsfähigkeit steigern, sondern auch eine Kultur der Innovation und des kontinuierlichen Lernens fördern.

8.2   Entwicklung einer klaren KI-Strategie

Eine gut definierte Strategie ist die Grundlage für die Festlegung klarer Ziele, die Definition von Prioritäten und die effektive Nutzung der notwendigen Ressourcen, um einen nachhaltigen Mehrwert zu schaffen.

Schritt 1: Definition der Geschäftsziele und Anwendungsfälle
Unternehmen müssen zunächst ermitteln, welche Probleme sie lösen oder welche Prozesse sie verbessern möchten.

Es muss Klarheit über die Unternehmensziele bestehen. Welchen Nutzen strebt das Unternehmen durch den Einsatz von KI an? Zu den Zielen zählt beispielsweise die Optimierung von Arbeitsabläufen, die Verbesserung von Kundenerfahrungen oder die Erschließung neuer Marktsegmente.

Schritt 2: Identifikation relevanter Anwendungsfälle
Die Identifikation spezifischer Anwendungsfälle sollte auf Basis der Geschäftsbedürfnisse erfolgen. Beispiele hierfür sind die Automatisierung von Routineaufgaben, die Verbesserung der Datenanalyse oder der Einsatz von KI zur Personalisierung von Marketingmaßnahmen.

Die Nutzung von Frameworks wie GECKO bietet strukturierte Ansätze zur Auswahl und Bewertung potenzieller Anwendungsbereiche. Frameworks wie GECKO (Geschäftsziele, Effektivität, Chancen, Kosten, Organisation) unterstützen Unternehmen dabei, die für sie geeigneten Anwendungsbereiche zu identifizieren. Sie unterstützen Unternehmen dabei, sicherzustellen, dass KI-Initiativen strategisch ausgerichtet und wirtschaftlich sinnvoll sind.

Schritt 3: Erstellen einer technologischen Roadmap
Hier werden die Geschäftsziele und Anwendungsfälle identifiziert, auf deren Basis eine technologisch fundierte Roadmap erstellt wird. Die Roadmap dient als Leitfaden für die Planung, Implementierung und Skalierung von KI-Lösungen. Zu den wesentlichen Schritten gehören:

Im Rahmen der Ist-Zustandsanalyse ist zunächst zu ermitteln, welche technologischen und organisatorischen Ressourcen bereits verfügbar sind. In welchen Bereichen besteht Handlungsbedarf?

Schritt 4: Festlegung der notwendigen Technologien
Dies bedeutet die Identifikation spezifischer KI-Tools, Plattformen und Infrastruktur, die für die Umsetzung der Anwendungsfälle erforderlich sind.

Schritt 5: Ressourcenplanung
Hier werden das Budget, die Mitarbeiterkapazitäten sowie der Bedarf an externer Unterstützung, etwa durch Technologiepartner oder Berater, bestimmt.

Schritt 6: Meilensteinplanung
Erstellung eines Zeitplans mit klaren Etappen zur Messung des Fortschritts und zur Vornahme von Anpassungen.

Schritt 7: Einbindung von Experten
Die Einbindung von Experten wie AIFACTUM ist empfehlenswert, da diese durch spezialisierte Beratung und technische Unterstützung dazu beitragen können, die Roadmap effizient umzusetzen. AIFACTUM ist ein auf Künstliche Intelligenz spezialisiertes Beratungsunternehmen, das Unternehmen bei der Implementierung und Integration von KI-Lösungen unterstützt. Mit einem Team aus erfahrenen Data Scientists und KI-Strategen bietet AIFACTUM Lösungen, die auf die individuellen Bedürfnisse der Kunden zugeschnitten sind. Das Unternehmen begleitet Organisationen von der Analyse und Planung bis hin zur Implementierung und Optimierung von KI-Anwendungen, um nachhaltige Wettbewerbsvorteile zu erzielen.

Die Umsetzung der genannten Maßnahmen bietet folgende Chancen:

- Entwicklung einer klaren KI-Strategie:
- Gezielte Ressourcennutzung: Durch klare Ziele und eine strukturierte Planung werden finanzielle und personelle Ressourcen optimal eingesetzt.
- Verbesserung der Wettbewerbsfähigkeit: Künstliche Intelligenz ermöglicht es Unternehmen, innovative Produkte und Dienstleistungen zu entwickeln, die ihnen einen Vorsprung am Markt verschaffen.
- Risikominimierung: Eine durchdachte Strategie hilft, potenzielle Hindernisse frühzeitig zu identifizieren und gezielt anzugehen.
- Es ist ratsam, etwaige Bedenken frühzeitig zu identifizieren und anzugehen.

Trotz der Vorteile sind auch Herausforderungen zu berücksichtigen:

- Es fehlt an Expertise: Viele Unternehmen haben Schwierigkeiten, intern das notwendige Wissen aufzubauen, um KI-Strategien effektiv zu entwickeln.
- Technologische Komplexität: Die Integration von KI in bestehende Systeme erfordert technologische Anpassungen, die mit hohen Kosten und einem beträchtlichen Zeitaufwand verbunden sein können.
- Die Erwartungen sind derzeit noch unklar. Ohne klar definierte Ziele und eine strategische Ausrichtung birgt der Einsatz von KI das Risiko der Ineffizienz oder sogar kontraproduktiven Auswirkungen.

8.3 Datenmanagement und Datenqualität

Datenmanagement und -qualität haben einen entscheidenden Einfluss auf den erfolgreichen Einsatz von Künstlicher Intelligenz. Die Effektivität und Genauigkeit von KI-Systemen hängt maßgeblich von der Qualität der verwendeten Daten ab. Gleichzeitig sind Datenschutz und Compliance unverzichtbare Voraussetzungen, um das Vertrauen von Kunden und Partnern zu gewinnen und rechtliche Risiken zu vermeiden.

8.3.1 Sicherstellung der Datenqualität

Die Gewährleistung einer hohen Datenqualität stellt eine der größten Herausforderungen beim Einsatz von KI dar. Nur saubere, strukturierte und relevante Daten gewährleisten optimale Ergebnisse bei der Modellierung und Anwendung von KI. Die folgenden Aspekte sind zu beachten:

Die Datenbereinigung und -strukturierung ist ein wesentlicher Aspekt bei der Nutzung von KI-Modellen. Rohdaten enthalten oft Fehler, Lücken oder Inkonsistenzen, die die Leistungsfähigkeit der Modelle beeinträchtigen können. Die Bereinigung dieser Daten durch dedizierte Prozesse oder Tools wie ONLIM stellt einen wichtigen ersten Schritt dar. ONLIM stellt beispielsweise Lösungen zur Automatisierung der Datenaufbereitung bereit, wodurch sich Effizienz und Genauigkeit steigern lassen.

Datenorganisation: Eine strukturierte Datenverwaltung ist unerlässlich, um sicherzustellen, dass Daten schnell und effizient zugänglich sind. Dafür stehen verschiedene Optionen wie Datenbanken, Data Lakes oder Data Warehouses zur Verfügung. Eine klare Struktur reduziert den Aufwand bei der Modellierung und Optimierung von KI-Systemen.

Im Rahmen der Qualitätskontrolle werden die Ergebnisse der Modellierung und Optimierung von KI-Systemen überprüft. Durch regelmäßige Überprüfungen der Datenquellen kann eine kontinuierlich hohe Qualität gewährleistet werden. Unternehmen sollten auf automatisierte Tools setzen, um Anomalien und Fehler frühzeitig zu identifizieren und zu beheben.

8.3.2 Implementierung von Datenschutz und Compliance

Die Qualität der Daten ist ebenso wichtig wie die Einhaltung gesetzlicher Vorgaben und ethischer Standards im Umgang mit Daten. Die Datenschutz-Grundverordnung (DSGVO) sowie weitere Datenschutzgesetze setzen klare Rahmenbedingungen für die Verarbeitung personenbezogener Daten. Zu den wichtigsten Maßnahmen zählen:

Gesetzliche Vorgaben sind einzuhalten: Unternehmen sind dazu verpflichtet, sicherzustellen, dass alle Datenverarbeitungsprozesse den geltenden Datenschutzgesetzen entsprechen. Dies beinhaltet die Anonymisierung oder Pseudonymisierung personenbezogener Daten sowie die Einholung von Einwilligungen.

Einhaltung ethischer Standards: Unternehmen sollten neben den gesetzlichen Anforderungen auch ethische Leitlinien für den Umgang mit Daten entwickeln, um das Vertrauen von Kunden und Partnern zu stärken. Frameworks wie GECKO (Gesetzeskonformität, Effizienz, Chancen, Kontrollmechanismen, Offenheit) unterstützen dabei, klare Richtlinien zu definieren.

Im Folgenden werden die Sicherheitsmaßnahmen erläutert: Nur eine Implementierung robuster Sicherheitsmechanismen wie Verschlüsselung, Zugriffskontrollen und regelmäßige Sicherheitsaudits gewährleistet die Sicherheit sensibler Daten und verhindert deren Missbrauch.

Ein effektives Datenmanagement bietet Unternehmen zahlreiche Vorteile:

- Die Leistungsfähigkeit der KI wird durch hochwertige Daten verbessert, was zu präziseren Analysen und fundierteren Entscheidungen führt.
- Der Aufbau von Vertrauen stellt einen wichtigen Aspekt dar. Die Einhaltung von Datenschutz und Compliance ist eine wichtige Voraussetzung dafür, das Vertrauen von Kunden und Stakeholdern zu gewinnen.
- Wettbewerbsvorteile: Unternehmen, die datengetriebene Strategien umsetzen, sind in der Lage, schneller auf Marktveränderungen zu reagieren und innovative Lösungen zu entwickeln.

Trotz der Chancen sollten mögliche Herausforderungen nicht außer Acht gelassen werden.

- Der Aufwand für die Bereinigung und Strukturierung großer Datenmengen ist erheblich. Er erfordert sowohl personelle als auch technische Ressourcen.
- Rechtliche Risiken sind ebenfalls zu berücksichtigen. Die Nichteinhaltung von Datenschutzgesetzen kann für Ihr Unternehmen erhebliche strafrechtliche Konsequenzen sowie einen Reputationsverlust zur Folge haben.
- Datenabhängigkeit: Unternehmen, die auf KI setzen, sind in besonderem Maße auf die Verfügbarkeit und Qualität ihrer Datenquellen angewiesen.

8.4 Aufbau eines kompetenten KI-Teams

Die erfolgreiche Implementierung von Künstlicher Intelligenz in Unternehmen erfordert die Zusammenstellung eines qualifizierten Teams, das die Entwicklung, Implementierung und Betreuung von KI-Projekten übernimmt. Nur ein kompetentes KI-Team kann auch eine erfolgreiche KI-Strategie entwickeln. Dies beinhaltet sowohl die Rekrutierung von Experten als auch die gezielte Weiterbildung der bestehenden Belegschaft.

8.4.1 Rekrutierung von Fachkräften

Der erste Schritt beim Aufbau eines KI-Teams besteht in der Identifizierung und Einstellung der richtigen Talente. Welche spezialisierten Fachkräfte wie Data Scientists, Ingenieure oder Domänenexperten braucht das Unternehmen?

* Data Scientists sind verantwortlich für die Analyse großer Datenmengen, die Entwicklung von Algorithmen und die Optimierung von Modellen. Data Scientists stellen sicher, dass die KI-Modelle präzise Ergebnisse liefern und auf die Bedürfnisse des Unternehmens abgestimmt sind.
* Die technische Umsetzung obliegt den KI-Ingenieuren. Ihr Aufgabenbereich umfasst die Entwicklung der Infrastruktur, die Implementierung von KI-Tools sowie die Gewährleistung ihrer Integration in bestehende Systeme. Tools wie Onlim unterstützen Sie bei der Automatisierung und Optimierung von KI-gestützten Prozessen.
* Domänenexperten: Diese Fachkräfte bringen branchenspezifisches Wissen ein, um sicherzustellen, dass KI-Lösungen den Anforderungen des jeweiligen Geschäftsfelds entsprechen. Sie übertragen komplexe Geschäftsanforderungen in technische Spezifikationen und stellen sicher, dass die Technologie praxisnah bleibt.

Eine durchdachte Rekrutierungsstrategie ist unerlässlich, um sicherzustellen, dass das Team aus Experten mit unterschiedlichen Fähigkeiten besteht. Dies gewährleistet die Vielseitigkeit der KI-Projekte.

8.4.2 Förderung der Mitarbeiter im Rahmen von Schulungen und Weiterbildungen

Neben der Rekrutierung müssen selbstverständlich auch die KI-Kompetenzen innerhalb der bestehenden Belegschaft gefördert werden. Das Ziel besteht in der Schaffung eines umfassenden Verständnisses für KI-Technologien sowie in der Vorbereitung der Mitarbeitenden auf einen effektiven Einsatz dieser Technologien. Im Folgenden werden die aus unserer Sicht wesentlichen Maßnahmen vorgestellt:

Im Rahmen der Personalentwicklung sind Schulungsprogramme ein wesentlicher Bestandteil. Unternehmen sollten regelmäßige Workshops, Seminare und Online-Kurse anbieten, die auf die Bedürfnisse der Mitarbeitenden abgestimmt sind. Solche Programme fördern nicht nur technisches Wissen, sondern auch das Verständnis für ethische und strategische Aspekte der KI.

- On-the-Job-Training: Die praktische Anwendung von KI-Technologien in realen Projekten ist eine besonders effektive Methode, um das Wissen der Mitarbeitenden zu vertiefen. Die Teams können dabei durch Mentoren oder erfahrene KI-Experten begleitet werden.
- Zertifizierungen: Die Förderung von Zertifizierungen in Bereichen wie Machine Learning, Datenanalyse oder KI-Engineering stärkt die Qualifikationen der Mitarbeitenden und verbessert damit die Wettbewerbsfähigkeit des Unternehmens.
- Gamification: Der Einsatz spielerischer Elemente in Lernprozessen fördert die aktive Auseinandersetzung der Mitarbeitenden mit KI. Besonders effektiv sind in diesem Zusammenhang interaktive Lernplattformen und Belohnungssysteme.

Die Einführung interaktiver Lernplattformen und Belohnungssysteme birgt Chancen für Ihr Unternehmen.

- Wettbewerbsvorteile: Ein qualifiziertes KI-Team ermöglicht es Unternehmen, innovative Lösungen schneller zu entwickeln und umzusetzen.
- Mitarbeiterbindung: Investitionen in die Weiterbildung und Qualifikation fördern die Zufriedenheit der Mitarbeitenden und reduzieren die Fluktuation.
- Anpassungsfähigkeit: Ein kompetentes Team kann besser auf technologische Veränderungen reagieren und neue Herausforderungen meistern.

Bedenken

- Fachkräftemangel: Die Rekrutierung qualifizierter KI-Experten kann aufgrund des hohen Wettbewerbs und begrenzter Talente schwierig sein.

- Kosten: Schulungen und Weiterbildungsprogramme können hohe Investitionen erfordern, die sich nicht sofort amortisieren.
- Widerstand gegen Veränderungen: Einige Mitarbeitende könnten Schwierigkeiten haben, sich an die neuen Anforderungen und Technologien anzupassen.

8.5 Tools und Technologien zur Unterstützung der Integration

Um ein umfassendes Verständnis für den Umgang mit KI zu entwickeln, ist es für Unternehmen äußerst ratsam, geeignete Softwarelösungen und Plattformen auszuwählen, die sowohl benutzerfreundlich als auch leistungsstark sind. Eine Vielzahl von KI-Tools ist verfügbar, die von einfachen Automatisierungslösungen bis hin zu komplexen Machine Learning-Anwendungen reichen. Die Integration von KI in den Arbeitsalltag ermöglicht es Mitarbeitern, von den Vorteilen dieser Technologien zu profitieren. Dazu gehört eine höhere Effizienz bei der Arbeit sowie ein vertieftes Verständnis für die Funktionsweise von KI.

Abb. 8.1 zeigt die Marktanteile führender Anbieter von generativen KI-Modellen und -Plattformen weltweit im Jahr 2024. OpenAI und Microsoft dominieren mit 39 % bzw. 30 % Marktanteil. Amazon Web Services (8 %) und Google (7 %) folgen, während kleinere Anbieter wie Anthropic, AI21labs und Cohere jeweils 2 % ausmachen. Weitere Unternehmen teilen sich 6 % des Marktes.

8.5.1 Evaluierung von KI-Technologien und -Tools

Die Vielzahl an verfügbaren KI-Technologien und -Tools macht eine sorgfältige Evaluierung erforderlich, um die Lösungen zu identifizieren, die den größten Mehrwert für das Unternehmen bieten. Es gilt, die spezifischen Geschäftsanforderungen und Ziele mit den technischen Möglichkeiten der KI in Einklang zu bringen. Hierzu sind folgende Schritte notwendig:

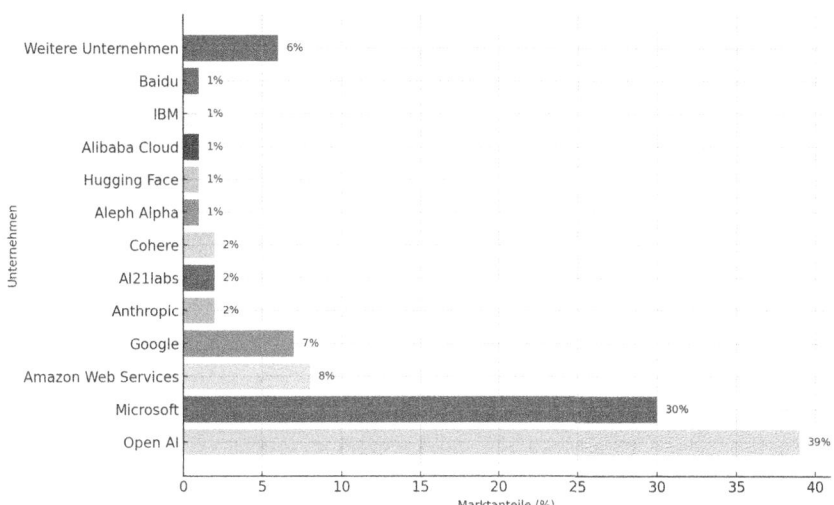

Abb. 8.1 https://xpert.digital/content-ki/

- Bedarfsanalyse: Unternehmen müssen zunächst ihre individuellen Anforderungen definieren. Dies beinhaltet die Identifikation von Geschäftsbereichen, die von KI profitieren können, wie Automatisierung, Datenanalyse oder Kundenkommunikation.
- Vergleich von Technologien: Verschiedene KI-Plattformen und -Tools, wie beispielsweise Gecko, sollten hinsichtlich ihrer Funktionalität, Benutzerfreundlichkeit und Skalierbarkeit verglichen werden. Es ist wichtig, sowohl branchenspezifische Lösungen als auch universelle Tools zu berücksichtigen.
- Pilotprojekte: Bevor eine vollständige Implementierung erfolgt, können Pilotprojekte durchgeführt werden, um die Effektivität der ausgewählten Technologien in einem realen Unternehmensumfeld zu testen. Dies ermöglicht es, potenzielle Schwächen frühzeitig zu identifizieren und Anpassungen vorzunehmen.

8.5.2 Integration in bestehende Systeme

Die Implementierung von KI-Technologien erfordert eine nahtlose Integration in bestehende IT-Strukturen, um deren Potenziale vollständig ausschöpfen zu können. Dieser Prozess stellt sicher, dass die neuen Lösungen mit vorhandenen Systemen kompatibel sind und effektiv genutzt werden können. Zu den wesentlichen Aspekten der Integration gehören:

- Interoperabilität: Die neuen KI-Lösungen müssen reibungslos mit bestehenden Software- und Hardware-Systemen kommunizieren. Dies erfordert häufig die Anpassung von Schnittstellen oder die Entwicklung von Middleware.
- Datenmigration: Die Qualität der Daten ist entscheidend für den Erfolg von KI-Anwendungen. Unternehmen sollten sicherstellen, dass alle relevanten Daten aus alten Systemen übertragen und für die KI nutzbar gemacht werden, ohne dabei die Datenintegrität zu gefährden.
- Skalierbarkeit: Die implementierten Systeme sollten so konzipiert sein, dass sie mit dem Wachstum des Unternehmens und der zunehmenden Nutzung von KI-Technologien skalieren können.

Chancen

- Effizienzsteigerung: Durch die Nutzung geeigneter KI-Tools können Unternehmen zeitaufwändige Prozesse automatisieren und so die Effizienz erheblich steigern.
- Besseres Verständnis für KI: Mitarbeiter entwickeln durch den Einsatz benutzerfreundlicher Tools ein besseres Verständnis für die Funktionsweise und die Potenziale von KI.
- Kreativitätsförderung: KI-Coaches und virtuelle Assistenten unterstützen Mitarbeiter bei alltäglichen Aufgaben und schaffen mehr Raum für kreative und strategische Tätigkeiten.

Bedenken

- Skepsis und Ängste: Ein häufiges Hindernis bei der Integration von KI ist die Angst der Mitarbeiter vor Veränderungen und ihre Skepsis gegenüber neuen Technologien.
- Komplexität der Einführung: Die Auswahl und Implementierung der richtigen Tools erfordert fundierte Kenntnisse und eine klare Strategie.
- Notwendigkeit der Schulung: Ohne gezielte Schulungsprogramme könnten Mitarbeiter die neuen Tools nicht effektiv nutzen.

Praktische Ansätze zur Förderung der Integration

* Interaktive Schulungsplattformen: Unternehmen sollten Schulungs-programme anbieten, die sowohl theoretisches Wissen als auch prakti-sche Übungen beinhalten. Lernplattformen bieten eine ideale Möglich-keit, um KI-Tools in realen Szenarien auszuprobieren.
* Change-Management-Software: Der Einsatz von Change-Management-Tools hilft, den Übergang zu KI-gestützten Arbeitsweisen zu erleichtern und sicherzustellen, dass Mitarbeiter aktiv in den Prozess eingebunden werden.
* Innovationswettbewerbe: Interne Wettbewerbe fördern nicht nur das kreative Denken, sondern ermöglichen es den Mitarbeitern auch, eigene Ideen für die Nutzung von KI einzubringen.

8.6 Umsetzung der Pilotprojekte und Skalierung

Eine erfolgreiche Integration von KI erfordert in der Regel die Durchfüh-rung von Pilotprojekten. Diese ermöglichen es Unternehmen, neue Technologien in einer kontrollierten Umgebung zu testen und deren Effektivität zu bewerten. Durch Pilotprojekte lassen sich Risiken mini-mieren und wertvolle Einblicke in die praktische Anwendung von KI gewinnen.

Die genannten Pilotprojekte eröffnen Chancen für:

* Risikominimierung: Durch begrenzte Testphasen können Unterneh-men potenzielle Schwachstellen identifizieren, bevor sie eine breite Implementierung vornehmen.
* Lernmöglichkeiten: Pilotprojekte bieten die Gelegenheit, den Umgang mit KI-Systemen zu erlernen und deren Auswirkungen auf Prozesse und Mitarbeiter besser zu verstehen.
* Skalierbarkeit: Erfolgreiche Projekte können gezielt auf andere Geschäftsbereiche ausgeweitet werden, was die Effizienz und den ROI der KI-Integration steigert.

Bedenken

- Ressourcenaufwand: Pilotprojekte können zeitraubend und teuer sein, ohne garantierten Erfolg.
- Akzeptanz der Mitarbeiter: Ohne klare Kommunikation kann es zu Vorbehalten kommen, insbesondere wenn Mitarbeiter nicht in die Testphasen eingebunden werden.
- Skalierungsprobleme: Was in einem Pilotprojekt funktioniert, ist nicht immer direkt auf größere Geschäftsbereiche übertragbar.

Praktische Ansätze

- Strukturiertes Vorgehen: Definieren Sie klare Ziele und KPIs für Pilotprojekte, um den Erfolg messbar zu machen.
- Iterativer Ansatz: Sammeln Sie Feedback und nehmen Sie Optimierungen vor, bevor die Projekte skaliert werden.
- Interdisziplinäre Teams: Arbeiten Sie mit Teams aus unterschiedlichen Bereichen, um verschiedene Perspektiven einzubringen und die Akzeptanz zu erhöhen.

8.7 Kontinuierliche Überwachung und Optimierung

Die Einführung von KI-Technologien stellt nur einen Teil des Prozesses dar. Unternehmen sind dazu verpflichtet, ihre KI-Systeme kontinuierlich zu überwachen und zu optimieren. Dadurch können sie deren langfristige Effektivität sicherstellen und auf sich ändernde Geschäftsanforderungen reagieren.

Die Einführung von KI-Systemen eröffnet Unternehmen eine Vielzahl von Chancen.

Chancen

- Proaktive Anpassung: Regelmäßige Analysen ermöglichen es Unternehmen, frühzeitig auf Probleme zu reagieren und Lösungen zu entwickeln.

- Langfristige Effizienz: Durch fortlaufende Optimierung können KI-Systeme besser auf Unternehmensziele abgestimmt werden.
- Marktanpassung: KI-Systeme können dynamisch an neue Herausforderungen und Marktbedingungen angepasst werden, was die Wettbewerbsfähigkeit erhöht.

Bedenken

- Komplexität der Überwachung: Die regelmäßige Leistungsbewertung kann zusätzliche Ressourcen und technische Expertise erfordern.
- Datenschutzrisiken: Eine kontinuierliche Überwachung erhöht die Menge der gesammelten Daten und kann datenschutzrechtliche Herausforderungen mit sich bringen.
- Technologische Abhängigkeit: Unternehmen könnten sich zu stark auf bestehende Systeme verlassen und Innovationen vernachlässigen.

Praktische Ansätze

- Regelmäßige Audits: Führen Sie periodische Bewertungen der KI-Systeme durch, um Schwachstellen zu identifizieren und zu beheben.
- Kundenzentrierung: Nutzen Sie Feedback von Nutzern und Kunden, um die Systeme an tatsächliche Bedürfnisse anzupassen.
- Flexibilität: Implementieren Sie Systeme, die sich leicht erweitern oder modifizieren lassen, um mit dynamischen Anforderungen Schritt zu halten.

8.8 Best Practices für die Zusammenarbeit zwischen Mensch und KI

Die erfolgreiche Integration von Künstlicher Intelligenz in Unternehmen erfordert ein tiefes Verständnis für die Technologien und deren Anwendungsmöglichkeiten. Es ist unerlässlich, dass Mitarbeiter die Funktionsweise von KI kennen und deren Potenzial für die Optimierung von Arbeitsprozessen erkennen. Entscheidend sind Schulungsprogramme, die praxisnahe Beispiele aus der Branche bieten. Durch interaktive Workshops und Seminare können Unternehmen bei ihren Mitarbeitern ein

Bewusstsein für die Vorteile der KI schaffen. Nur eine kontinuierliche Weiterbildung der Mitarbeiter kann sie auf dem neuesten Stand der Technik zu halten und ihnen die erforderlichen Kompetenzen vermitteln.

Die Motivation der Mitarbeiter, KI aktiv in ihrem Arbeitsalltag zu nutzen, ist ein weiterer entscheidender Aspekt. Unternehmen sollten die Vorteile von KI transparent kommunizieren und aufzeigen, wie diese Technologien den Arbeitsalltag erleichtern und effizienter gestalten können. Ein vielversprechender Ansatz ist die Kommunikation von Erfolgsgeschichten innerhalb des Unternehmens, in denen KI bereits einen positiven Einfluss auf die Arbeit der Mitarbeiter hatte. Des Weiteren besteht die Möglichkeit, Gamification-Elemente oder Belohnungssysteme einzusetzen, um die Mitarbeiter zu ermutigen, innovative KI-gestützte Lösungen auszuprobieren und ihre Erfahrungen zu teilen.

Die Akzeptanz neuer Technologien wird durch Ängste und Bedenken gegenüber KI erheblich behindert. Diese Ängste müssen ernst genommen werden, und es muss offen darüber kommuniziert werden. Unternehmen sollten ein Umfeld schaffen, in dem Mitarbeiter ihre Bedenken äußern können, ohne negative Konsequenzen befürchten zu müssen. Informationsveranstaltungen und Diskussionsrunden, in denen Experten die Funktionsweise und die ethischen Aspekte von KI erläutern, sind geeignet, Missverständnisse auszuräumen und Vertrauen in die Technologie aufzubauen. Die Einbindung von Mitarbeitern in den Implementierungsprozess kann dazu beitragen, Ängste abzubauen. Durch die aktive Beteiligung an der Gestaltung der neuen Arbeitsweise wird eine positive Einstellung gefördert.

Die praktische Umsetzung von KI im Arbeitsalltag ist entscheidend für den Erfolg dieser Technologien. Es ist empfehlenswert, dass Unternehmen spezifische Anwendungsfälle identifizieren, die für die Mitarbeiter wichtig sind, und gezielte Schulungen anbieten, um den Umgang mit den entsprechenden Tools zu erlernen. Schaffen Sie eine benutzerfreundliche Umgebung, in der Ihre Mitarbeiter KI-Tools einfach und intuitiv nutzen können. Pilotprojekte dienen als Testfelder, um den Mitarbeitern die Möglichkeit zu geben, Erfahrungen mit KI zu sammeln und Feedback zu geben, das zur weiteren Optimierung der Prozesse genutzt werden kann.

Zusammenfassend lässt sich feststellen, dass die Zusammenarbeit zwischen Mensch und KI nicht nur technische, sondern auch menschliche Aspekte umfasst. Nur mit einem transparenten und unterstützenden Umfeld, in dem Mitarbeiter ermutigt werden, sich mit KI auseinanderzusetzen, kann diese Technologie erfolgreich integriert werden. Kontinuierliche Schulungen, offene Kommunikation und die Einbindung der Mitarbeiter in den Implementierungsprozess schaffen eine innovationsfördernde Kultur, die die Vorteile der Künstlichen Intelligenz voll ausschöpft. Die Steigerung der Effizienz und die Erhöhung der Mitarbeiterzufriedenheit führen zu einem positiven Unternehmensklima und wirken sich somit langfristig positiv auf den Unternehmenserfolg aus.

Die Umsetzung der genannten Maßnahmen eröffnet Chancen für:

- Synergien nutzen: Menschliche Kreativität und emotionale Intelligenz ergänzen die datengetriebene Effizienz und Präzision von KI.
- Bessere Entscheidungsfindung: KI kann durch datenbasierte Analysen komplexe Entscheidungen unterstützen, während der Mensch die ethischen und strategischen Aspekte berücksichtigt.
- Steigerung der Effizienz: Automatisierung repetitiver Aufgaben durch KI ermöglicht es Mitarbeitern, sich auf strategische und kreative Tätigkeiten zu konzentrieren.
- Förderung von Innovation: Die Zusammenarbeit inspiriert zu neuen Ideen, indem KI unkonventionelle Lösungsansätze aufzeigt, die der Mensch verfeinern kann.

Bedenken

- Akzeptanzprobleme: Mitarbeiter könnten die Zusammenarbeit mit KI als Bedrohung für ihre Jobs oder ihre Entscheidungsautonomie empfinden.
- Komplexität der Integration: Die Einführung und Harmonisierung von KI in bestehenden Arbeitsprozessen erfordert sorgfältige Planung und Ressourcen.
- Abhängigkeit von Technologie: Eine zu starke Abhängigkeit von KI könnte die Fähigkeit der Mitarbeiter zur eigenständigen Problemlösung verringern.
- Fehlende Transparenz: Unverständliche Algorithmen oder unklare Entscheidungsgrundlagen von KI-Systemen können das Vertrauen in die Zusammenarbeit beeinträchtigen.

Best Practices

- Klare Rollendefinition: Legen Sie fest, welche Aufgaben von KI übernommen werden und wo menschliches Eingreifen erforderlich ist, um Unsicherheiten zu vermeiden.
- Transparenz schaffen: Vermitteln Sie den Mitarbeitern, wie KI-Systeme funktionieren und welche Vorteile sie bieten, um Vertrauen aufzubauen.
- Schulungen und Weiterbildung: Bieten Sie Programme an, die Mitarbeiter dabei unterstützen, die Zusammenarbeit mit KI-Systemen aktiv zu gestalten.
- Feedback-Kultur etablieren: Fördern Sie eine offene Kommunikation, in der Mitarbeiter ihre Erfahrungen mit der KI teilen und Verbesserungsvorschläge machen können.
- Interdisziplinäre Teams bilden: Kombinieren Sie technische Expertise mit domänenspezifischem Wissen, um die Implementierung und den Nutzen von KI zu maximieren.

8.9 Langfristige Strategien zur Förderung einer KI-freundlichen Unternehmenskultur

Unternehmen müssen ein solides Fundament schaffen, auf dem Mitarbeiter nicht nur die Technologie verstehen, sondern auch Vertrauen in deren Anwendung entwickeln. Dies bedingt ein strategisches Vorgehen, welches sowohl die Schulung als auch die Einbindung der Mitarbeitenden in den Innovationsprozess umfasst. Ein effektives Verständnis für den Umgang mit Künstlicher Intelligenz erfordert eine transparente Kommunikation über die Funktionsweise und den Nutzen von KI-gestützten Tools. Workshops und Schulungsprogramme sollten regelmäßig angeboten werden, um sicherzustellen, dass alle Mitarbeiter die Möglichkeiten und Grenzen der Technologie kennen.

Ein weiterer zentraler Aspekt ist die Motivation der Mitarbeiter, KI in ihrer täglichen Arbeit zu nutzen. Unternehmen sollten Anreize schaffen, die den Einsatz von KI fördern. Dazu zählt die Einführung von Anreizsystemen, die innovative Ideen und deren Umsetzung honorieren. Die

Schaffung eines Innovationswettbewerbs, bei dem Teams eigene KI-Projekte entwickeln können, fördert nicht nur die Kreativität, sondern integriert auch die praktische Anwendung der Technologie in den Arbeitsalltag. Eine solche Herangehensweise fördert die aktive Auseinandersetzung der Mitarbeitenden mit KI und deren eigenständige Entwicklung.

Hemmnisse für eine erfolgreiche Integration von KI in die Unternehmenskultur sind häufig Ängste und Bedenken. Um diese Ängste abzubauen, ist es unerlässlich, eine offene Diskussionskultur zu etablieren. Es ist wichtig, dass Mitarbeiter die Möglichkeit haben, ihre Sorgen zu äußern und Antworten auf ihre Fragen zu erhalten. Durch regelmäßige Informationsveranstaltungen, in denen die Vorteile von KI erläutert und Missverständnisse ausgeräumt werden, kann das Vertrauen in die Technologie gestärkt werden. Darüber hinaus ist es empfehlenswert, konkrete Anwendungsbeispiele aus der Praxis zu präsentieren, in denen KI erfolgreich eingesetzt wurde, um den Nutzen für die jeweilige Zielgruppe greifbar zu machen.

Praktische Lösungsansätze für die Integration von KI sollten nicht nur theoretischer Natur sein, sondern konkrete Handlungsempfehlungen umfassen. Unternehmen können Pilotprojekte initiieren, um ihren Mitarbeitern die Möglichkeit zu geben, KI-Tools in einem geschützten Rahmen auszuprobieren. Die Projekte sollten interdisziplinär angelegt sein, um unterschiedliche Perspektiven und Fachkenntnisse zu vereinen. Die Ergebnisse dieser Pilotprojekte können dann als Grundlage für eine breitere Implementierung dienen und aufzeigen, wie KI konkret zur Effizienzsteigerung und Problemlösung beiträgt.

Zusammenfassend lässt sich festhalten, dass eine KI-freundliche Unternehmenskultur nicht über Nacht entsteht, sondern durch langfristige Strategien und kontinuierliche Maßnahmen gefördert werden muss. Unternehmen sind gefordert, ein Umfeld zu schaffen, in dem Wissen, Vertrauen und Innovation miteinander verbunden werden. Durch gezielte Schulungen, Anreize zur Nutzung von KI, offene Kommunikationskanäle und praktische Pilotprojekte können Mitarbeiter nicht nur motiviert werden, KI aktiv zu nutzen, sondern auch als Botschafter für die Technologie fungieren. Die Integration von KI in die Unternehmenskultur wird so zu einem nachhaltigen Prozess, der das gesamte Unternehmen voranbringt.

Die Einführung von KI bietet Unternehmen zahlreiche Chancen:

Chancen

- Förderung von Innovation: Eine KI-freundliche Kultur ermutigt Mitarbeiter, neue Technologien auszuprobieren und innovative Lösungen zu entwickeln.
- Steigerung der Effizienz: Durch eine positive Einstellung zu KI können Unternehmen Automatisierungs- und Optimierungspotenziale voll ausschöpfen.
- Bindung von Talenten: Unternehmen, die eine moderne, technologieorientierte Kultur fördern, wirken attraktiver auf Fachkräfte und steigern die Mitarbeiterzufriedenheit.
- Stärkung der Resilienz: Unternehmen werden besser auf Veränderungen vorbereitet, da eine offene Kultur für KI Flexibilität und Anpassungsfähigkeit fördert.

Bedenken

- Veränderungswiderstand: Mitarbeiter könnten sich aufgrund mangelnder Transparenz oder Angst vor Arbeitsplatzverlust gegen KI-Initiativen wehren.
- Ungleiche Akzeptanz: Unterschiedliche Abteilungen oder Hierarchieebenen könnten unterschiedlich auf KI reagieren, was den Wandel behindert.
- Unzureichende Investitionen: Fehlende langfristige Investitionen in Schulungen, Technologien und Change-Management können die Entwicklung einer KI-freundlichen Kultur hemmen.
- Ethische Herausforderungen: Die Implementierung von KI kann ethische Konflikte aufwerfen, die in einer offenen Unternehmenskultur adressiert werden müssen.

Strategien zur Förderung

- Führungskräfte als Vorbilder: Führungskräfte spielen eine zentrale Rolle bei der Etablierung einer KI-freundlichen Kultur. Sie sollten selbst aktiv mit KI arbeiten, Transparenz schaffen und eine positive Einstellung vorleben.

- Schulungen und Weiterbildungsprogramme: Investieren Sie in regelmäßige Schulungen, um das technische Wissen und die Akzeptanz von KI bei den Mitarbeitern zu fördern. Programme sollten auf die unterschiedlichen Bedürfnisse und Wissensstände der Mitarbeiter zugeschnitten sein.
- Offene Kommunikation: Fördern Sie eine Kultur, in der Mitarbeiter Fragen stellen, Feedback geben und Bedenken äußern können. Regelmäßige Updates zu KI-Initiativen und deren Nutzen schaffen Transparenz und Vertrauen.
- Anreize für Innovation: Belohnungssysteme und Innovationswettbewerbe können Mitarbeiter motivieren, kreative Lösungen für den Einsatz von KI zu entwickeln. Dies stärkt nicht nur die Kultur, sondern fördert auch die praktische Nutzung von KI.
- Integrierte Change-Management-Strategien: Eine durchdachte Change-Management-Strategie unterstützt den Übergang zu einer KI-freundlichen Kultur. Dabei sollten technologische, organisatorische und menschliche Aspekte gleichermaßen berücksichtigt werden.
- Ethische Leitlinien entwickeln: Unternehmen sollten klare ethische Standards definieren, um den verantwortungsvollen Umgang mit KI zu gewährleisten. Dies schafft Vertrauen und minimiert Risiken.

9

Mitarbeiter motivieren, KI in ihrer täglichen Arbeit zu nutzen

Strategien zur Förderung von Akzeptanz, Kompetenz und Kreativität

9.1 Die Vorteile der KI-Nutzung für Mitarbeiter

Künstliche Intelligenz hat in den letzten Jahren einen signifikanten Einfluss auf die Arbeitswelt gewonnen. Ihre Integration in Unternehmen bietet zahlreiche Vorteile für die Mitarbeiterinnen und Mitarbeiter. Zu den wesentlichen Vorteilen zählt die Automatisierung von Routinetätigkeiten, die einen hohen Zeitaufwand erfordern. Dadurch können sich die Mitarbeiter auf strategischere und kreativere Aspekte ihrer Arbeit konzentrieren. Dadurch, dass monotone Tätigkeiten wegfallen, können sich die Mitarbeiter auf Innovation und Problemlösung fokussieren. Dies führt zu einer höheren Arbeitszufriedenheit und verbessert zudem die Qualität der Arbeit.

Ein weiterer Vorteil der KI-Nutzung ist die Möglichkeit der personalisierten Weiterbildung. KI-gestützte Systeme analysieren individuelle Lernbedürfnisse der Mitarbeiter und bieten darauf basierend maßge-

---

Technologie wird erst durch die Menschen, die sie nutzen, lebendig.

© Der/die Autor(en), exklusiv lizenziert an Springer Fachmedien Wiesbaden GmbH, ein Teil von Springer Nature 2025
M. Peukert, *KI-Mindset entwickeln*, https://doi.org/10.1007/978-3-658-47902-2_9

129

schneiderte Schulungsprogramme an. Dies fördert nicht nur das persönliche Wachstum, sondern ermöglicht es den Mitarbeitern auch, sich kontinuierlich an die sich verändernden Anforderungen des Marktes anzupassen. Eine solche individuelle Förderung motiviert die Mitarbeiter, da sie sich wertgeschätzt und unterstützt fühlen. Dadurch kann eine höhere Bindung an das Unternehmen entstehen.

Die Implementierung von KI kann zudem die Zusammenarbeit innerhalb von Teams optimieren. Der Einsatz von KI-gestützten Kommunikations- und Kooperationswerkzeugen ermöglicht eine effizientere Zusammenarbeit, einen schnelleren Informationsaustausch und fundierte Entscheidungen. Die genannten Tools fördern den Austausch von Wissen und Informationen und unterstützen so die Teamentwicklung. Das Ergebnis ist ein kreatives und unterstützendes Arbeitsumfeld. Ein solches Umfeld stärkt die Innovationskraft des Unternehmens und ermutigt die Mitarbeiter, sich aktiv in den Entwicklungsprozess einzubringen.

Trotz der vielen Vorteile bestehen oft Ängste und Bedenken gegenüber der Nutzung von KI. Unternehmen sollten daher aktiv die Vorurteile abbauen, indem sie transparent über die Funktionsweise von KI informieren und aufzeigen, wie diese Technologien tatsächlich die Arbeit der Mitarbeiter unterstützen können. Schulungen und Workshops fördern das Verständnis für die KI-Nutzung und motivieren die Mitarbeiter, diese Technologien als wertvolle Werkzeuge in ihrem Arbeitsalltag zu betrachten, um eine positive Einstellung gegenüber KI zu fördern und die Akzeptanz zu erhöhen.

Die Nutzung von Künstlicher Intelligenz kann für Mitarbeiter erhebliche Vorteile mit sich bringen. Dennoch sind sich viele dieser Vorteile nicht bewusst oder fühlen sich durch die Einführung von KI eher bedroht als unterstützt. In diesem Abschnitt werden die zentralen Vorteile der KI-Nutzung aufgezeigt, um Ängste abzubauen und Akzeptanz zu fördern.

1. Entlastung von Routineaufgaben
   KI übernimmt repetitive, zeitaufwändige Aufgaben wie Datenanalyse, Terminplanung oder die Bearbeitung großer Datenmengen. Dies ermöglicht Mitarbeitern, sich auf strategische, kreative oder zwischenmenschliche Tätigkeiten zu konzentrieren.

Beispiele:

- Automatisierte Beantwortung von Standardanfragen durch KI-gestützte Chatbots.
- Effiziente Datensortierung und -analyse durch Tools wie Excel-Add-ons mit KI-Integration.

Motivationsstrategie:

- Betone, wie KI den Arbeitsalltag erleichtert und mehr Raum für kreative und strategische Aufgaben schafft. Ein mögliches Coaching-Tool: Mitarbeiter könnten ihre aktuellen Aufgaben in „Routine" und „Kreativ" einteilen, um zu erkennen, wie KI sie entlasten könnte.

2. Steigerung der Effizienz und Produktivität
   KI kann in kürzester Zeit Ergebnisse liefern, die sonst manuelle Arbeit erfordern würden. Mitarbeiter sehen schneller die Früchte ihrer Arbeit und können in kürzerer Zeit mehr erreichen.

Beispiele:

- KI-gestützte Tools wie Grammarly helfen bei der Optimierung von Texten.
- Projektmanagement-Software wie Asana, die durch KI-Analyse Prioritäten vorschlägt.

Motivationsstrategie:

- Demonstrieren konkreter Zeitgewinne durch praktische Beispiele. Workshops können hier helfen, bei denen Teams Tools ausprobieren und den „Vorher-Nachher"-Effekt erleben.

3. Verbesserung der Entscheidungsfindung
   KI liefert Datenanalysen und Vorhersagen, die fundierte Entscheidungen ermöglichen. Mitarbeiter müssen nicht länger raten oder auf veraltete Informationen zurückgreifen, sondern können datenbasiert handeln.

Beispiele:

- Vertriebsteams nutzen KI-Analysen, um Verkaufschancen vorherzusagen.
- Personalabteilungen erhalten durch KI Einblicke in Mitarbeiter-
bedürfnisse.

Motivationsstrategie:

- Betonen, wie KI Mitarbeitern hilft, bessere Ergebnisse zu erzielen. Führungskräfte können in Team-Meetings Beispiele präsentieren, bei denen datenbasierte Entscheidungen den Erfolg steigerten.

4. Persönliche Weiterentwicklung und Kompetenzaufbau
   Durch die Arbeit mit KI entwickeln Mitarbeiter neue Fähigkeiten, die ihre berufliche Weiterentwicklung fördern. Kenntnisse im Umgang mit KI gelten zunehmend als Schlüsselqualifikation und steigern den eigenen Wert auf dem Arbeitsmarkt.

Beispiele:

- Erlernen neuer Tools wie Tableau oder Microsoft Power BI für Datenvisualisierung.
- Vertrautheit mit Programmiersprachen oder Grundlagen des Machine Learning.

Motivationsstrategie:

- Biete Weiterbildungsprogramme und Online-Kurse an, die den Umgang mit KI erleichtern. Gamification-Ansätze können Anreize schaffen, wie z. B. ein internes „KI-Zertifikat" für absolvierte Trainings.

5. Förderung von Kreativität und Innovation
   KI kann als kreativer Partner fungieren und neue Ideen fördern. Mitarbeiter können KI nutzen, um z. B. Brainstorming-Ideen zu generieren, Prototypen schneller zu erstellen oder innovative Lösungen zu entwickeln.

Beispiele:

- Marketingteams nutzen KI, um neue Kampagnenideen zu testen.
- Produktentwickler simulieren Konzepte mit KI-gestützter Modellierung.

Motivationsstrategie:

- Bieten Sie interaktive Workshops an, in denen Mitarbeiter in kreativen Teams mit KI arbeiten. Diese können zeigen, wie KI neue Perspektiven eröffnet.

6. Reduzierung von Stress und Burnout
   Da KI viele Routineaufgaben abnimmt, fühlen sich Mitarbeiter weniger überfordert. Sie können ihre Zeit besser einteilen und die Qualität ihrer Arbeit verbessern, ohne ständig unter Druck zu stehen.

Beispiele:

- Automatisierte Terminplanung spart Stunden manueller Koordination.
- KI-Tools erinnern Mitarbeiter an Deadlines und optimieren Workflows.

Motivationsstrategie:

- Kommunizieren Sie klar, wie KI helfen kann, Stress zu reduzieren. Führungskräfte sollten den Nutzen von KI nicht nur im Hinblick auf Produktivität, sondern auch auf das Wohlbefinden betonen.

7. Förderung der Zusammenarbeit
   KI erleichtert die Zusammenarbeit zwischen Teams und Standorten. Mitarbeiter können gemeinsam auf Plattformen arbeiten, die durch KI-gestützte Organisation und Transparenz den Workflow optimieren.

Beispiele:

- Google Workspace verwendet KI, um Dokumente zu organisieren und Änderungen zu verfolgen.
- Slack nutzt KI, um wichtige Informationen in Chats hervorzuheben.

Motivationsstrategie:

• Zeigen Sie auf, wie KI die Teamarbeit verbessert. Interne Schulungen können simulieren, wie KI-gestützte Tools die Zusammenarbeit erleichtern.

Coaching-Tipps zur Motivation

• Storytelling einsetzen: Teilen Sie Geschichten von Teams, die durch KI erfolgreicher und zufriedener wurden.
• Individuelle Vorteile hervorheben: Zeigen Sie jedem Mitarbeiter, wie KI speziell seine Arbeit verbessert.
• Offene Kommunikation: Räumen Sie Ängste durch Dialog und transparente Information aus.
• Positives Feedback: Loben Sie kleine Erfolge bei der Nutzung von KI und fördern Sie das Vertrauen in neue Technologien.

Dieses Kapitel legt die Grundlage für die Akzeptanz und Motivation der Mitarbeiter, indem es ihre persönlichen Vorteile klar kommuniziert und praktische Unterstützung bei der Integration bietet.

9.2   Schulungsprogramme und Weiterbildungen

In der heutigen digitalen Landschaft ist es für Unternehmen unerlässlich, ein tiefgehendes Verständnis für den Umgang mit Künstlicher Intelligenz zu entwickeln. Schulungsprogramme und Weiterbildungen vermitteln Mitarbeitern das nötige Wissen und die Fähigkeiten, die sie benötigen, um KI effektiv in ihren Arbeitsalltag zu integrieren. Diese Programme sollten nicht nur technische Aspekte abdecken, sondern auch die ethischen und strategischen Implikationen von KI beleuchten. Gezielte Schulungen stellen sicher, dass Ihre Mitarbeiter die Funktionsweise von KI verstehen und in der Lage sind, die Technologie verantwortungsvoll und kreativ zu nutzen.

Die Motivation der Mitarbeiter stellt einen entscheidenden Faktor für die erfolgreiche Implementierung von KI in Unternehmen dar. Schulungsprogramme sollten darauf abzielen, die Begeisterung für KI zu wecken und den Mitarbeitern aufzuzeigen, wie sie von den Möglichkeiten dieser Technologie profitieren können. Durch praxisnahe Trainings, die den direkten Nutzen von KI in den täglichen Arbeitsabläufen verdeutlichen, können Unternehmen das Engagement ihrer Mitarbeiter fördern. Durch die Durchführung von Workshops, welche Beispiele aus der Praxis sowie interaktive Elemente beinhalten, kann die Relevanz von KI für die Mitarbeiter greifbar gemacht werden. Zudem können die Mitarbeiter zu innovativen Herangehensweisen ermutigt werden.

Ein wesentliches Hindernis bei der Einführung von KI ist die von Mitarbeitern geäußerte Angst vor dem Unbekannten. Diese Ängste können durch gezielte Schulungsprogramme abgebaut werden, in denen Mitarbeiter über die Möglichkeiten und Grenzen der KI informiert werden und etwaige Missverständnisse ausgeräumt werden. Es empfiehlt sich, dass Unternehmen Plattformen bereitstellen, auf denen Mitarbeiter ihre Bedenken äußern können, und diese in den Schulungsprozess integrieren. Durch offene Dialoge und Feedback-Mechanismen kann ein vertrauensvolles Arbeitsklima geschaffen werden, welches es den Mitarbeitern erleichtert, sich mit der Technologie auseinanderzusetzen und sie aktiv zu nutzen.

Praktische Lösungsansätze für die Integration von KI in den Arbeitsalltag sind ebenfalls ein wesentlicher Bestandteil effektiver Schulungen. Unternehmen sollten ihren Mitarbeitern geeignete Werkzeuge und Methoden zur Verfügung stellen, damit diese KI-Lösungen einfach implementieren können. Dies kann beispielsweise durch Fallstudien, Tutorials und Übungen erfolgen, um den Mitarbeitern die Umsetzung der Theorie in die Praxis zu erleichtern. Darüber hinaus ist es empfehlenswert, Schulungsinhalte regelmäßig zu aktualisieren, um den sich wandelnden Anforderungen und Entwicklungen im Bereich der KI gerecht zu werden.

Es kann zusammenfassend festgestellt werden, dass Schulungsprogramme und Weiterbildungen eine wesentliche Rolle bei der Motivation und Integration von Künstlicher Intelligenz in Unternehmen spielen. Durch ein umfassendes Verständnis, praxisnahe Anwendungen und die Beseitigung von Ängsten können Unternehmen eine positive Einstellung gegenüber KI fördern und ihre Mitarbeiter dazu befähigen, die Technologie erfolgreich zu nutzen. Eine kontinuierliche Investition in die Weiterbildung sichert die Innovationskraft und Wettbewerbsfähigkeit des Unternehmens langfristig. Schulungsprogramme und Weiterbildungen sind essenziell, um die Akzeptanz und Kompetenz im Umgang mit KI zu fördern. Unternehmen, die auf eine gezielte Qualifizierung ihrer Mitarbeiter setzen, profitieren nicht nur von einer besseren Nutzung der Technologie, sondern schaffen auch ein positives Arbeitsklima, in dem sich Mitarbeiter sicher und unterstützt fühlen. Schulungsprogramme helfen zudem, Ängste abzubauen, Fähigkeiten aufzubauen und das Vertrauen in den Umgang mit KI zu stärken. Dieses Unterkapitel beschreibt, wie Unternehmen effektive Weiterbildungsangebote gestalten können, um ihre Teams optimal auf die Arbeit mit KI vorzubereiten.

9.2.1 Warum Schulungsprogramme entscheidend sind

Viele Mitarbeiter fühlen sich unsicher im Umgang mit KI, sei es aus Angst vor Komplexität oder der Sorge, ihre Rolle könnte durch Technologie ersetzt werden. Gut konzipierte Schulungen schaffen:

- **Verständnis für KI:** Wie funktioniert KI, und was kann sie leisten?
- **Akzeptanz:** Mitarbeiter verstehen die Vorteile und Möglichkeiten, die KI für sie persönlich bietet.
- **Kompetenzaufbau:** Praktische Fähigkeiten im Umgang mit KI-Tools werden vermittelt.
- **Sicherheitsgefühl:** Mitarbeiter fühlen sich durch Wissen und Training in ihrer Arbeit bestärkt.

9.2.2 Komponenten eines erfolgreichen Schulungsprogramms

Ein effektives Schulungsprogramm umfasst mehrere Bausteine, um Mitarbeiter mit unterschiedlichem Vorwissen und verschiedenen Anforderungen abzuholen:

9.2.2.1 Grundlagenwissen vermitteln

Nicht jeder Mitarbeiter hat einen technischen Hintergrund. Schulungsprogramme sollten daher zunächst die grundlegenden Konzepte und Funktionen von KI erläutern, z. B.:

- Was ist KI, und wie funktioniert sie?
- Unterschied zwischen schwacher und starker KI.
- Beispiele für KI-Anwendungen im Arbeitsalltag.

Ansatz
- Biete leicht verständliche Online-Kurse oder Präsenzseminare an.
- Nutze anschauliche Beispiele und Fallstudien, um die Theorie greifbar zu machen.

9.2.2.2 Praktische Anwendung von KI-Tools

Der Schwerpunkt sollte auf praxisorientierten Trainings liegen, in denen Mitarbeiter lernen, konkrete KI-Tools und -Plattformen zu nutzen, z. B.:

- ChatGPT für Content-Erstellung oder Kundenkommunikation.
- Automatisierungstools wie Zapier für Workflow-Optimierung.
- Datenauswertungsprogramme wie Power BI oder Tableau.

Ansatz
- Führe Workshops durch, in denen Mitarbeiter unter Anleitung eigene Aufgaben mit KI lösen.
- Stelle Übungsaufgaben bereit, die sich direkt auf den Arbeitsalltag beziehen.

9.2.2.3 Datenschutz und Ethik im Umgang mit KI

Ein wichtiger Aspekt in jeder Schulung ist die Aufklärung über Datenschutz und ethische Fragestellungen:

- Welche Daten dürfen verarbeitet werden?
- Wie vermeidet man diskriminierende oder fehlerhafte KI-Anwendungen?

Ansatz
- Biete spezifische Schulungen zu den rechtlichen und ethischen Grundlagen an.
- Erstelle Leitfäden oder FAQs für den sicheren Umgang mit KI.

9.2.2.4 Anpassung an unterschiedliche Zielgruppen

Jede Abteilung hat spezifische Anforderungen an KI. Schulungen sollten daher auf die Bedürfnisse der jeweiligen Zielgruppe zugeschnitten sein:

- **Mitarbeiter im Kundenservice:** Fokus auf KI-gestützte Chatbots oder CRM-Systeme.
- **Marketingteams:** Einsatz von KI zur Personalisierung von Kampagnen.
- **IT-Abteilung:** Technische Implementierung und Wartung von KI-Lösungen.

Ansatz
- Erstelle maßgeschneiderte Schulungsprogramme für verschiedene Abteilungen.
- Führe Rollenspiele durch, um spezifische Szenarien durchzuspielen.

9.2.3 Formate und Methoden für Schulungen

9.2.3.1 Blended Learning

Eine Kombination aus Online-Schulungen und Präsenzworkshops ermöglicht es, Mitarbeiter flexibel weiterzubilden:

- **Online-Kurse:** Für Grundlagenwissen, jederzeit verfügbar.
- **Präsenzworkshops:** Für praktische Übungen und Teamtrainings.

9.2.3.2 Gamification

Schulungen können durch spielerische Elemente motivierender gestaltet werden:

- Quizfragen zur Wissensüberprüfung.
- Wettbewerbe, bei denen Mitarbeiter KI-basierte Lösungen entwickeln.

9.2.3.3 Peer-to-Peer-Lernen

Mitarbeiter lernen oft effektiver voneinander. Erfahrene Teammitglieder können ihr Wissen an Kollegen weitergeben:

* Interne „KI-Botschafter" schulen andere.
* Regelmäßige Austauschformate wie Lunch & Learn-Sessions.

9.2.4 Erfolgsmessung und Optimierung

Um sicherzustellen, dass Schulungen effektiv sind, sollten Unternehmen regelmäßig Feedback einholen und Fortschritte messen:

* **Vorher-Nachher-Bewertungen:** Teste das Wissen der Mitarbeiter vor und nach der Schulung.
* **Feedbackgespräche:** Frage die Teilnehmer, welche Inhalte hilfreich waren und wo es Verbesserungsbedarf gibt.
* **Langfristige Erfolgskontrolle:** Analysiere, wie gut die gelernten Fähigkeiten in den Arbeitsalltag integriert wurden.

9.2.5 Anreize für Weiterbildung

Um Mitarbeiter zu motivieren, an Schulungen teilzunehmen, können Unternehmen Anreize setzen:

* Zertifikate für absolvierte Kurse, die im Lebenslauf genutzt werden können.

9.3 Beispiele

Die Integration von Künstlicher Intelligenz in den Arbeitsalltag ist für Unternehmen, die wettbewerbsfähig bleiben möchten, keine Zukunftsmusik mehr, sondern ein Muss. Eine Vielzahl von Unternehmen hat bereits praktische Beispiele geschaffen, die als Vorbilder dienen können, um

das Verständnis für den Umgang mit KI zu entwickeln. Ein heraus-
ragendes Beispiel ist die deutsche Automobilindustrie, die KI erfolgreich
in Produktionsprozesse integriert hat. Hierbei kommen KI-gestützte Systeme zum Einsatz, um Fertigungsfehler frühzeitig zu erkennen und die
Effizienz der Produktion zu steigern. Die Implementierung hat zu einer
Verbesserung der Produktqualität sowie einer Steigerung der Mitarbeitermotivation geführt. Die Mitarbeiter erkennen, dass innovative Technologien ihren Arbeitsalltag erleichtern.

Ein weiteres Beispiel findet sich im Bereich des Einzelhandels. Hier nutzen
Unternehmen KI, um personalisierte Einkaufserlebnisse zu schaffen. Die
Analyse von Kundendaten ermöglicht die Ausspielung gezielter Angebote
und Empfehlungen, die den Bedürfnissen der Kunden entsprechen. Der
Einsatz von KI-Tools führt zu einer gesteigerten Motivation der Mitarbeiter,
da sie die positiven Auswirkungen auf das Kundenerlebnis und den Umsatz
unmittelbar erleben. Gleichzeitig wird das Vertrauen in die Technologie gestärkt – eine entscheidende Voraussetzung, um Ängste und Bedenken
abzubauen.

Im Gesundheitswesen demonstrieren Unternehmen die Einsatzmöglich-
keiten von KI in der Patientenversorgung. Der Einsatz von KI-gestützten
Diagnosetools ermöglicht Ärzten eine schnellere und präzisere Diagnostik.
Ein Beispiel für den Einsatz von KI-Systemen ist die Implementierung in
Radiologieabteilungen. Dort werden bildgebende Verfahren analysiert, um
Ärzten bei der Befundung zu helfen. Die Ärzte berichten von einer ge-
steigerten Effizienz und einem verringerten Stresslevel, da sie sich auf die
Interpretationen der KI verlassen können. Dies motiviert die Mitarbeiter,
sich aktiv mit KI auseinanderzusetzen und deren Potenzial zu erkennen.

Praktische Lösungsansätze zur Integration von KI in den Arbeitsprozess
können ebenfalls aus der Praxis entnommen werden. Unternehmen, die
Schulungsprogramme und Workshops anbieten, in denen Mitarbeiter die
Funktionsweise von KI kennenlernen, verzeichnen positive Ergebnisse. Diese
Initiativen fördern nicht nur das Verständnis, sondern auch die Akzeptanz
der Technologie. Ein Beispiel aus der Softwarebranche verdeutlicht, dass
regelmäßige Trainings und die Einbindung von Mitarbeitern in den Entwicklungsprozess von KI-Anwendungen zu einer hohen Identifikation mit
den neuen Tools führen. Die Mitarbeiter identifizieren sich mit dem Innovationsprozess und sind motivierter, die neuen Technologien zu nutzen.

Zusammenfassend lässt sich festhalten, dass erfolgreiche Beispiele aus der Praxis demonstrieren, wie Unternehmen durch den Einsatz von KI nicht nur ihre Effizienz steigern, sondern auch die Motivation ihrer Mitarbeiter fördern können. Bauen Sie Ängste und Bedenken ab, indem Sie transparente Kommunikationswege schaffen und Ihre Mitarbeiter aktiv in den Integrationsprozess einbinden. Der Austausch von Best Practices stellt zudem eine wertvolle Ressource dar, um anderen Unternehmen auf ihrem Weg zur erfolgreichen Implementierung von KI-Unterstützung behilflich zu sein.

Praxisbeispiele sind eine der besten Möglichkeiten, um zu zeigen, wie Unternehmen und Mitarbeiter erfolgreich KI in ihren Arbeitsalltag integriert haben. Sie inspirieren, bauen Vorurteile ab und zeigen greifbar, welche Vorteile Künstliche Intelligenz bieten kann. In diesem Kapitel werden drei konkrete Beispiele vorgestellt, die unterschiedliche Branchen und Anwendungsfelder abdecken.

9.3.1 Automatisierte Kundenkommunikation bei einem E-Commerce-Unternehmen

9.3.1.1 Herausforderung:

Ein mittelständisches E-Commerce-Unternehmen hatte Schwierigkeiten, mit dem steigenden Volumen an Kundenanfragen Schritt zu halten. Kunden mussten teilweise mehrere Tage auf eine Antwort warten, was sich negativ auf die Kundenzufriedenheit auswirkte.

9.3.1.2 Lösung durch KI

Das Unternehmen implementierte einen KI-gestützten Chatbot, der Standardanfragen wie Lieferstatus, Rückgabeprozesse oder Produktverfügbarkeit selbstständig beantworten konnte. Für komplexere Anfragen leitete der Chatbot die Kunden an menschliche Mitarbeiter weiter.

9.3.1.3 Mögliche Ergebnisse

Zeitersparnis: 60 % aller Anfragen wurden durch den Chatbot gelöst.

Verbesserte Kundenzufriedenheit: Die Reaktionszeit sank von mehreren Tagen auf wenige Sekunden.

Motivierte Mitarbeiter: Kundenbetreuer konnten sich auf anspruchsvollere Aufgaben konzentrieren, was die Arbeitszufriedenheit erhöhte.

9.3.1.4 Lernpunkt

KI kann Routineaufgaben übernehmen und Mitarbeitern die Möglichkeit geben, sich auf wertschöpfendere Tätigkeiten zu konzentrieren.

9.3.2 Effiziente Datenanalyse bei einem Finanzdienstleister

9.3.2.1 Herausforderung

Ein Finanzdienstleister musste große Mengen an Finanzdaten analysieren, um Markttrends zu erkennen und Kundenberatung zu verbessern. Die manuelle Analyse war zeitaufwändig und anfällig für Fehler.

9.3.2.2 Lösung durch KI

Das Unternehmen setzte ein KI-gestütztes Analysetool ein, das historische Daten analysierte, Muster erkannte und Vorhersagen über Marktbewegungen lieferte. Die Berater erhielten visuelle Dashboards, die ihnen halfen, Entscheidungen schneller zu treffen.

9.3.2.3 Mögliche Ergebnisse

Produktivitätssteigerung: Die Datenanalysezeit reduzierte sich um 80 %.

Bessere Entscheidungen: Die Berater konnten ihren Kunden fundiertere Empfehlungen geben.

Wettbewerbsvorteil: Das Unternehmen positionierte sich als innovativer Anbieter mit datengestützten Beratungslösungen.

9.3.2.4 Lernpunkt

Durch die Automatisierung datenintensiver Prozesse können Mitarbeiter fundiertere Entscheidungen treffen und Mehrwert für Kunden schaffen.

9.3.3 KI-gestützte Vorgehensweise im Rahmen der Personalgewinnung

9.3.3.1 Herausforderung

Ein Technologieunternehmen hatte Schwierigkeiten, passende Talente zu finden, da es bei der Bewerberauswahl auf manuelle Prozesse setzte. Die Durchsicht der Lebensläufe war mit einem hohen Zeitaufwand verbunden, wodurch qualifizierte Bewerber teilweise übersehen wurden.

9.3.3.2 Lösung: Einsatz künstlicher Intelligenz

Das Unternehmen hat ein KI-gestütztes Rekrutierungssystem eingeführt, das Bewerbungen anhand vordefinierter Kriterien analysiert. Die Software identifizierte die relevanten Qualifikationen und wählte die vielversprechendsten Kandidatinnen und Kandidaten für die nächste Runde aus.

9.3.3.3 Mögliche Ergebnisse

Die Durchsicht von Bewerbungen konnte um 50 % reduziert werden, was zu einer entsprechenden Zeiteinsparung führt.

Die Trefferquote konnte ebenfalls gesteigert werden. Die Anzahl der passenden Bewerber in den Interviews stieg um 30 %.

Die Mitarbeiterzufriedenheit konnte durch die Umstrukturierung ebenfalls gesteigert werden, da das HR-Team nun mehr Zeit für die persönliche Betreuung der Bewerber hat.

9.3.3.4 Lernpunkt

Der Einsatz von KI im Rekrutierungsprozess ermöglicht die Übernahme von Routineaufgaben und eine Steigerung der Qualität der Talentauswahl.

9.3.4 Förderung der Kreativität im Marketingteam eines Start-ups

9.3.4.1 Herausforderung

Ein Start-up im Modebereich benötigte innovative Ideen für Marketing-kampagnen, verfügte jedoch nur über ein kleines Team und wenig Zeit für aufwendige Brainstorming-Sitzungen.

9.3.4.2 Lösung: Einsatz von KI

Das Team nutzte ein KI-Tool, um kreative Vorschläge für Kampagnen zu generieren, Inhalte für Social Media vorzuschlagen und visuelle Elemente wie Anzeigen-Layouts zu erstellen.

9.3.4.3 Mögliche Ergebnisse

Die Ideenfindung erfolgte in kürzerer Zeit. Innerhalb weniger Stunden wurden mehrere Kampagnenideen präsentiert.

Die kreative Ideenfindung wurde durch die KI-gestützte Inspiration des Teams positiv beeinflusst.

Umsatzwachstum: Eine der KI-generierten Kampagnen führte zu einer Steigerung des Umsatzes um 20 %.

9.3.4.4 Lernpunkt

KI kann als kreativer Partner dienen und Teams dabei unterstützen, Ideen schneller und effizienter umzusetzen.

9.3.5 Zusammenfassung der Erkenntnisse

Das System ist für den universellen Einsatz geeignet. KI kann in verschiedenen Branchen und Unternehmensbereichen zum Einsatz kommen, beispielsweise im Kundenservice, im Personalmanagement oder im Marketing.

Die Entlastung von Routineaufgaben und die Unterstützung in Entscheidungsprozessen durch KI führt zu einer Steigerung von Effizienz und Zufriedenheit der Mitarbeiter. Dadurch wird deren Produktivität erhöht.

Der individuelle Nutzen ist wie folgt definiert: Der Erfolg der Integration von KI hängt maßgeblich davon ab, wie gut sie auf die spezifischen Bedürfnisse der Mitarbeiter und Unternehmensbereiche abgestimmt ist.

9.4 Anreize und Belohnungen für die Nutzung von KI

Anreize und Belohnungen sind entscheidende Instrumente, um die Nutzung von KI im Unternehmen voranzutreiben. Sie fördern zudem die langfristige Akzeptanz und Begeisterung für neue Technologien bei den Mitarbeitern. Unternehmen, die auf eine Kombination aus finanziellen, materiellen und persönlichen Anreizen setzen, schaffen eine Umgebung, in der Mitarbeiter aktiv die Vorteile von KI nutzen und sich geschätzt fühlen.

Veränderungen lösen bei Mitarbeitern oft Skepsis oder Zurückhaltung aus. Um die Akzeptanz und aktive Nutzung von KI zu fördern, sollten Unternehmen gezielt Anreize und Belohnungssysteme schaffen. Im Folgenden wird dargelegt, wie derartige Systeme ausgestaltet werden sollten, um die Motivation und das Engagement der Mitarbeitenden zu fördern.

9.4.1 Warum Anreize und Belohnungen wichtig sind

Die Motivation zur Nutzung neuer Technologien wie KI hängt nicht allein von der Funktionalität der Tools ab. Es ist ebenso wichtig, dass die Mitarbeiter von der praktischen und emotionalen Notwendigkeit des Einsatzes überzeugt sind. Anreize entfalten ihre Wirkung auf unterschiedlichen Ebenen.

Sie fördern positive Verhaltensänderungen. Sie fördern die aktive Auseinandersetzung mit neuen Tools, indem sie die erste Schwelle überwinden.

Unterstützen nachhaltige Nutzung: Durch regelmäßige Belohnungen wird eine langfristige Motivationssteigerung gewährleistet.

Sie bauen Ängste ab. Die Förderung von KI-Einsatz hat eine unterstützende Wirkung auf die Lernprozesse der Mitarbeitenden.

9.4.2 Arten von Anreizen

9.4.2.1 Finanzielle Anreize

Prämien für Meilensteine: Mitarbeiter, die nachweislich durch den Einsatz von KI ihre Arbeitsprozesse optimieren, können finanzielle Prämien erhalten.

Bonussysteme: Mitarbeiter, die regelmäßig KI-Tools nutzen und dadurch Effizienz steigern, können Boni oder zusätzliche Gehaltserhöhungen bekommen.

Team-Budget: Erfolgreiche Teams, die durch KI bessere Ergebnisse erzielen, erhalten ein zusätzliches Budget für Projekte oder Team-Events.

9.4.2.2 Materielle Anreize

Ausrüstung und Gadgets: Mitarbeiter, die besonders gut mit KI arbeiten, könnten Belohnungen wie neue technische Geräte (z. B. Laptops, Tablets) erhalten.

Weiterbildungs-Gutscheine: Bieten Sie den Zugang zu kostenpflichtigen Kursen, Konferenzen oder Webinaren für herausragende Leistungen an.

9.4.2.3 Persönliche Anerkennung

Lob und Wertschätzung: Öffentliche Anerkennung durch Führungskräfte, z. B. in Team-Meetings oder internen Newslettern.

Auszeichnungen: Einführung eines internen Titels wie „KI-Champion des Monats".

Karrierevorteile: Mitarbeiter, die KI erfolgreich in ihren Arbeitsalltag integrieren, könnten bevorzugt für Führungsrollen oder neue Projekte in Betracht gezogen werden.

9.4.2.4   Erlebnisbasierte Belohnungen

Team-Events: Teams, die erfolgreich KI implementieren, könnten mit gemeinsamen Aktivitäten belohnt werden, z. B. ein Teambuilding-Event oder ein Dinner.

Freizeit-Anreize: Zusätzliche Urlaubstage oder flexible Arbeitszeiten für Mitarbeiter, die mit KI nachweislich Effizienzsteigerungen erzielt haben.

9.4.3   Gestaltung eines Anreizsystems

9.4.3.1   Festlegung transparenter Kriterien

Es sollten klare und messbare Ziele definiert werden, beispielsweise:

Die Anzahl erfolgreich abgeschlossener Projekte mithilfe von KI stellt ein messbares Ziel dar.

Der Einsatz von KI-Tools ermöglicht eine Zeitersparnis und eine Steigerung der Produktivität.

Es empfiehlt sich, die Kriterien für die Vergabe von Anreizen offen zu kommunizieren, damit alle Mitarbeiter darüber informiert sind, unter welchen Voraussetzungen sie eine solche Vergütung erhalten können.

9.4.3.2   Kombination von individuellen und teambezogenen Belohnungen

Es empfiehlt sich, sowohl die Leistung einzelner Mitarbeiter als auch die Erfolge ganzer Teams zu belohnen. Dadurch lässt sich Konkurrenzdruck vermeiden und die Zusammenarbeit fördern.

9.4.3.3   Regelmäßigkeit und Fairness sicherstellen

Die Vergabe von Anreizen sollte regelmäßig erfolgen, beispielsweise monatlich oder quartalsweise, um eine kontinuierliche Motivation sicherzustellen.

Das System muss für alle Mitarbeiter transparent und zugänglich sein, um Ungerechtigkeiten zu vermeiden.

9.4.4   Langfristige Anreize

9.4.4.1   Förderung der persönlichen Entwicklung

Bieten Sie Ihren Mitarbeitern langfristige Weiterbildungsmöglichkeiten im Bereich KI.

Unterstützen Sie Ihre Mitarbeiter bei der Entwicklung ihrer Karriere durch gezielte Förderung und Mentoring.

9.4.4.2   Gamification

Einführung eines Punktesystems, bei dem Mitarbeiter für jede erfolgreiche Nutzung von KI Punkte sammeln, die sie gegen ausgewählte Belohnungen eintauschen können.

Die Erstellung von Ranglisten oder Abzeichen, welche die Mitarbeiter für ihre Fortschritte erhalten, ist ebenfalls möglich.

9.5   Beispiele aus der Praxis

9.5.1   Beispiel 1: Einführung eines Programms zur Förderung von künstlicher Intelligenz

Ein mittelständisches Unternehmen führte ein Programm ein, bei dem jeden Monat der „KI-Champion" ausgezeichnet wurde. Mitarbeiter, die besonders innovative Anwendungen für KI fanden, wurden mit einer Auszeichnung sowie einer finanziellen Prämie bedacht.

Mögliches Ergebnis: Die Nutzung von KI steigt um 40 %, und die Mitarbeiter fühlten sich stärker eingebunden.

9.5.2 Beispiel 2: Team-Wettbewerb zur Effizienzsteigerung

Ein Technologieunternehmen organisierte einen Wettbewerb, bei dem Teams gegeneinander antraten, um die besten Ergebnisse durch KI-gestützte Prozesse zu erzielen. Die Gewinner wurden mit zusätzlichen Urlaubstagen sowie einem Teamevent belohnt.

Ein mögliches Ergebnis könnte eine gesteigerte Motivation der Teams bei der Zusammenarbeit und eine nachhaltigere Integration von KI in ihre Prozesse sein.

10

Ängste und Widerstände überwinden

Wie Führungskräfte ihre Mitarbeiter für den erfolgreichen Einsatz von KI begeistern und begleiten können

Neben der Wissensvermittlung ist es essenziell, emotionale Hürden zu erkennen und durch gezielte Coaching-Techniken zu überwinden. Indem
Führungskräfte aktiv zuhören, Fragen stellen und die Perspektive ihrer
Mitarbeiter einnehmen, können sie Widerstände anerkennen und in
Offenheit umwandeln. Die Entwicklung eines Growth Mindsets spielt
dabei eine entscheidende Rolle: Mitarbeiter sollen KI nicht als Bedrohung, sondern als Chance zur Weiterentwicklung sehen.Kommunika-
tion und Vertrauen: Wie Sie Mitarbeiter auf dem Weg zur KI-Akzeptanz
begleitenIm Rahmen eines Coachings werden Mitarbeiter sowohl auf
emotionaler als auch auf rationaler Ebene angesprochen. Die Wissensvermittlung ist lediglich ein Aspekt unter vielen. Mindestens ebenso wichtig
ist es, die richtigen Fragen zu stellen und etwaige Ängste anzusprechen.
　Im Folgenden werden geeignete Strategien vorgestellt:

Innovation beginnt mit der Bereitschaft, Neues zu lernen.

M. Peukert, *KI-Mindset entwickeln*, https://doi.org/10.1007/978-3-658-47902-2_10

- Aktives Zuhören ist eine wichtige Strategie, um Mitarbeiter zu unterstützen und zu fördern. Es gehört zu den Aufgaben von Führungskräften, die individuellen Sorgen und Bedenken der Mitarbeiter ernst zu nehmen und gezielt darauf einzugehen.

Bitte nehmen Sie sich Zeit für die folgenden Fragen:

- „Bitte erläutern Sie, welche Chancen Sie in Ihrer Arbeit durch KI sehen."
- „Bitte nennen Sie uns die Aufgaben, bei denen Sie sich eine Unterstützung durch KI wünschen."

Teilen Sie positive Geschichten. Präsentieren Sie erfolgreiche Anwendungsbeispiele von KI-Mitarbeitern in Ihrem Unternehmen oder in Ihrer Branche.

Beispiel:

Ein Vertriebsleiter könnte gemeinsam mit seinem Team die Vorteile von KI im Verkaufsprozess erörtern und anhand von Erfolgsgeschichten die Skepsis gegenüber dieser Technologie abbauen.

Praktische Übungen sind ein entscheidender Bestandteil jedes Coaching-Ansatzes. Sie ermöglichen es den Mitarbeitern, sich aktiv mit KI auseinanderzusetzen und eigene Erfolgserlebnisse zu sammeln.

Übungen:

10.1 Simulation von Szenarien

Simulieren Sie gemeinsam mit Mitarbeitern den Einsatz von KI-Tools in ihrem Arbeitsalltag, z. B. die automatisierte Analyse von Kundenfeedback.

10.1.1 Hands-on-Trainings

Lassen Sie Mitarbeiter KI-Tools ausprobieren, die speziell für ihre Rolle relevant sind (z. B. Tools zur Textgenerierung im Marketing oder Automatisierungsplattformen in der Buchhaltung).

10.1.2 Persönliche Zielsetzung

Erarbeiten Sie gemeinsam, wie KI die individuellen beruflichen Ziele der Mitarbeiter unterstützen kann.
Beispiel:
Ein Marketing-Team könnte in einer Coaching-Session KI-Tools wie Jasper oder Canva AI testen, um Werbekampagnen schneller zu erstellen.

10.2 Emotionales Coaching: Ängste und Widerstände überwinden

Die Einführung von KI kann emotionale Reaktionen wie Angst oder Ablehnung hervorrufen. Ein guter Coach erkennt diese Dynamiken und arbeitet gezielt daran, sie zu überwinden.

10.2.1 Emotionale Coaching-Techniken

10.2.1.1 Angst in Neugier umwandeln

Zeigen Sie, wie KI-Tools Mitarbeiter entlasten, statt sie zu ersetzen.

10.2.1.2 Widerstand anerkennen

Anstatt Widerstand zu ignorieren, sollte er angesprochen werden. Fragen wie „Was wäre, wenn KI Ihnen helfen könnte?" können die Perspektive ändern.

10.2.1.3 Stärken hervorheben

Erinnern Sie Mitarbeiter daran, welche einzigartigen Fähigkeiten sie einbringen, die KI nicht ersetzen kann (z. B. Kreativität oder Empathie).

10.3 Entwicklung eines Growth Mindsets

Ein Growth Mindset ist entscheidend, damit Mitarbeiter die Möglichkeiten von KI nicht als Bedrohung, sondern als Chance sehen.

10.3.1 Ansatz

10.3.1.1 Workshops zur Mindset-Entwicklung

Fördern Sie Offenheit gegenüber Veränderungen und die Bereitschaft, neue Technologien auszuprobieren.

10.3.1.2 Fehlerkultur etablieren

Betonen Sie, dass es in Ordnung ist, Fehler zu machen, während man neue Tools lernt.

10.3.1.3 Selbstreflexion fördern

Fragen Sie Mitarbeiter, wie sie durch den Einsatz von KI ihre Arbeitsweise verbessern möchten.
Beispiel:
Ein Team könnte in einem Workshop reflektieren, welche neuen Aufgaben sie durch die Zeitersparnis von KI übernehmen möchten.

10.4 Langfristiges Coaching und Begleitung

Die Einführung von KI ist ein fortlaufender Prozess. Daher sollte Coaching nicht mit einer einmaligen Schulung enden, sondern als kontinuierliche Begleitung etabliert werden.

10.4.1 Methoden

10.4.1.1 Mentoring-Programme

Erfahrene Mitarbeiter oder KI-„Botschafter" können Kollegen unterstützen.

10.4.1.2 Regelmäßige Check-ins

Führungskräfte sollten regelmäßig Feedback einholen und Fortschritte besprechen.

10.4.1.3 Interne Plattformen

Nutzen Sie Plattformen, um Best Practices und Erfolgsgeschichten auszutauschen.

Coaching ist ein Schlüssel, um Mitarbeiter erfolgreich auf den Einsatz von KI vorzubereiten. Es schafft nicht nur technisches Verständnis, sondern fördert auch emotionale Akzeptanz und individuelle Weiterentwicklung. Unternehmen, die auf Coaching setzen, profitieren von motivierten, engagierten und zukunftsorientierten Teams, die KI als Chance und nicht als Herausforderung sehen.

11

KI als Chance für die persönliche Entwicklung

Von Angst zur Akzeptanz: Wie Coaching den Weg zu KI erleichtert

11.1 Wie KI persönliche Stärken fördern kann

KI unterstützt dabei, persönliche Stärken zu identifizieren und gezielt weiterzuentwickeln. Sie dient als Hilfsmittel, das Erkenntnisse liefert, Potenziale aufzeigt und Prozesse optimiert.

11.1.1 Identifikation persönlicher Stärken

Die Identifikation persönlicher Stärken ist ein entscheidender Schritt zur persönlichen und beruflichen Weiterentwicklung. KI-gestützte Tools bieten hier innovative Möglichkeiten, um Fähigkeiten präzise zu analysieren und gezielte Entwicklungsstrategien zu entwerfen. Durch die Nutzung von Daten und Algorithmen wird es möglich, tiefere Einblicke in individuelle Talente und Schwächen zu gewinnen, die herkömmliche Methoden oft übersehen.

Innovation beginnt mit Verständnis, nicht mit Angst.

© Der/die Autor(en), exklusiv lizenziert an Springer Fachmedien Wiesbaden GmbH, ein Teil von Springer Nature 2025
M. Peukert, *KI-Mindset entwickeln*, https://doi.org/10.1007/978-3-658-47902-2_11

11.1.1.1   Selbstanalyse durch KI-gestützte Tools

Moderne KI-Tools wie StrengthsFinder oder Crystal Knows ermöglichen es, Stärken und Entwicklungsfelder auf eine datenbasierte Weise zu analysieren. Diese Plattformen verwenden Fragebögen, Verhaltensmuster und persönliche Daten, um ein detailliertes Stärkenprofil zu erstellen.

Chancen
- Präzision: KI bietet objektive und detaillierte Ergebnisse, die auf Algorithmen und großen Datenmengen basieren.
- Personalisierung: Nutzer erhalten maßgeschneiderte Empfehlungen, die auf ihre spezifischen Fähigkeiten und beruflichen Ziele abgestimmt sind.
- Zeitersparnis: Die automatisierte Analyse spart Zeit im Vergleich zu traditionellen Assessment-Methoden.
- Selbstbewusstsein stärken: Die Identifikation von Stärken fördert das Selbstvertrauen und ermutigt zu gezielten Entwicklungen.

Bedenken
- Datenschutz: Die Verarbeitung sensibler persönlicher Daten erfordert höchste Sicherheitsstandards, um Missbrauch zu vermeiden.
- Einschränkungen der Algorithmen: KI kann die menschliche Komplexität nicht vollständig erfassen, was zu einer eingeschränkten Perspektive führen könnte.
- Überbewertung von Analysen: Ein blindes Vertrauen in die Ergebnisse könnte dazu führen, dass andere Potenziale übersehen werden.

11.1.1.2   Feedback aus Daten

KI kann durch die Analyse von Verhaltensmustern und Arbeitsergebnissen wertvolles Feedback geben. Diese objektive Rückmeldung hilft, Stärken und Schwächen besser zu verstehen und gezielt an ihnen zu arbeiten.

Chancen

- Objektivität: KI analysiert Daten ohne persönliche Vorurteile und bietet somit neutrale Ergebnisse.
- Kontinuierliches Lernen: Regelmäßiges Feedback durch KI-Tools unterstützt die kontinuierliche Weiterentwicklung.
- Effizienzsteigerung: Die Auswertung von Daten zeigt, wo Prozesse verbessert werden können, um bessere Ergebnisse zu erzielen.
- Förderung von Talenten: Durch präzise Rückmeldungen können individuelle Stärken gezielt gefördert werden.

Bedenken

- Interpretation der Ergebnisse: Nicht jeder Nutzer ist in der Lage, KI-Feedback richtig zu interpretieren, was Missverständnisse hervorrufen könnte.
- Datenqualität: Ungenaue oder unvollständige Daten können zu irreführendem Feedback führen.
- Abhängigkeit: Ein starker Fokus auf KI-Feedback könnte die menschliche Eigeninitiative und Intuition schmälern.

11.1.2 Förderung von Kreativität

Die Förderung von Kreativität ist nicht nur ein menschliches Privileg – KI kann als kraftvoller Partner in kreativen Prozessen agieren. Sie unterstützt dabei, neue Ideen zu entwickeln, bestehende Konzepte zu erweitern und ungewöhnliche Ansätze zu entdecken. Insbesondere in einer sich wandelnden Arbeitswelt eröffnet die Zusammenarbeit mit KI völlig neue Möglichkeiten für Innovation.

11.1.2.1 KI als kreativer Sparringspartner

KI-Tools wie ChatGPT, Jasper AI oder DALL·E haben sich als kreative Begleiter etabliert. Sie können nicht nur Inhalte generieren, sondern auch Denkanstöße geben, die den kreativen Prozess bereichern.

Chancen

- Ideengenerierung: KI kann eine Vielzahl von Ideen in kurzer Zeit entwickeln, die als Grundlage für weitere kreative Arbeiten dienen.
- Kollaboration: Sie fungiert als „kreativer Sparringspartner", der Denkmuster erweitert und alternative Sichtweisen einbringt.
- Effizienz: Zeitaufwändige Prozesse wie Brainstorming werden durch KI-gestützte Unterstützung beschleunigt.
- Praktische Anwendungen: KI kann nicht nur Textvorschläge machen, sondern auch visuelle Konzepte entwerfen, was sie für Design, Marketing und Content-Produktion unschätzbar macht.

Bedenken

- Originalität: Kritiker befürchten, dass KI generische Ergebnisse liefert und die menschliche Kreativität verwässern könnte.
- Abhängigkeit: Die dauerhafte Nutzung von KI-Tools könnte die Eigeninitiative und Vorstellungskraft des Menschen beeinträchtigen.
- Ethik: Es stellt sich die Frage, ob durch KI generierte Inhalte wirklich „kreativ" sind oder lediglich ein Ergebnis von Datenauswertung.

Beispiel die KI-Agenten

Ein aktuelles Beispiel[1] hierfür sind die von Microsoft eingeführten autonomen Agenten, die Teams in Vertrieb, Service, Finanzen und Lieferkettenmanagement unterstützen. Diese Agenten, die über das Copilot Studio erstellt und verwaltet werden können, ermöglichen es Unternehmen, zeitraubende Workflows zu automatisieren und Geschäftsprozesse effizienter zu gestalten.

Bereits 60 % der Fortune-500-Unternehmen setzen auf Microsoft 365 Copilot, um ihre Teams zu entlasten und bessere Ergebnisse zu erzielen. Ein Beispiel dafür ist Lumen Technologies, wo die Einführung von Copilot dazu beiträgt, den Vertrieb zu optimieren und Einsparungen von bis zu 50 Mio. US-Dollar pro Jahr zu ermöglichen. Auch Honeywell berichtet von deutlichen Verbesserungen, die einer zusätzlichen Arbeitskraft von 187 Vollzeitmitarbeitern entsprechen.

---

[1] https://news.microsoft.com/de-de/neue-autonome-agenten-unterstuetzen-ihr-team-wie-nie-zuvor/#_ftnref1.

Diese Entwicklungen zeigen, wie KI als kreativer Sparringspartner fungiert, indem sie nicht nur Routineaufgaben übernimmt, sondern auch innovative Lösungen für komplexe Herausforderungen bietet. Durch die Integration von KI in Geschäftsprozesse können Unternehmen ihre Effizienz steigern und sich besser auf strategische Aufgaben konzentrieren. Gleichzeitig zeigt sich jedoch, dass die Angst vieler Arbeitnehmer vor einem möglichen Jobverlust durch Automatisierung und KI-Technologien real ist und bei der Einführung solcher Systeme berücksichtigt werden sollte.

11.1.2.2 Neue Perspektiven

Einer der größten Vorteile von KI liegt in ihrer Fähigkeit, neue Perspektiven aufzuzeigen. Durch unkonventionelle Lösungsansätze inspiriert sie Menschen, außerhalb gewohnter Denkstrukturen zu agieren.

Chancen
- Out-of-the-Box-Denken: KI kann durch die Analyse großer Datenmengen Vorschläge machen, die unkonventionell und innovativ sind.
- Vielfalt der Ansätze: Sie zeigt Lösungen auf, die Menschen aufgrund von kognitiven Einschränkungen oder gewohnheitsmäßigen Denkweisen möglicherweise übersehen hätten.
- Inspiration: KI inspiriert, indem sie unterschiedliche Ansätze und Kombinationen von Ideen präsentiert.
- Interdisziplinarität: KI verbindet Wissen aus verschiedenen Bereichen und schafft so neue Impulse für komplexe Herausforderungen.

Bedenken
- Überforderung: Die Vielfalt der Vorschläge kann Nutzer überfordern und die Entscheidungsfindung erschweren.
- Bias: KI-Vorschläge basieren auf den Daten, mit denen sie trainiert wurde, was zu Verzerrungen oder einseitigen Perspektiven führen kann.
- Kreative Kontrolle: Die Verantwortung liegt letztlich beim Menschen, die Vorschläge der KI zu bewerten und auszuwählen.

Durch die Bereitstellung neuer Perspektiven fördert KI Kreativität auf bisher ungekannte Weise. Um die besten Ergebnisse zu erzielen, sollten Nutzer lernen, die KI-Ergebnisse kritisch zu hinterfragen und sie mit menschlichem Feingefühl zu kombiniere

11.1.3 Effizienzsteigerung in persönlichen Projekten

In der heutigen dynamischen Welt wird die effiziente Organisation persönlicher Projekte immer wichtiger. KI bietet leistungsstarke Werkzeuge, um Zeitmanagement und Lernprozesse zu optimieren. Diese Technologien helfen dabei, Prioritäten zu setzen, Fortschritte zu überwachen und individuell angepasste Unterstützung zu bieten, um persönliche Ziele schneller zu erreichen.

11.1.3.1 Zeitmanagement

Effektives Zeitmanagement ist der Schlüssel zum Erfolg in persönlichen und beruflichen Projekten. KI-gestützte Tools wie Trello, Asana oder Notion ermöglichen es, Aufgaben effizient zu organisieren und die verfügbare Zeit optimal zu nutzen.

Chancen

Aufgabenpriorisierung: KI analysiert anstehende Aufgaben und schlägt basierend auf Dringlichkeit und Wichtigkeit Prioritäten vor.

* Automatisierung: Wiederkehrende Aufgaben können automatisiert oder durch Erinnerungen effizienter verwaltet werden.
* Kollaboration: Tools ermöglichen es, Projekte in Teams zu organisieren, indem sie Aufgaben verteilen und Fortschritte in Echtzeit verfolgen.
* Visualisierung: KI-Tools bieten visuelle Darstellungen wie Kalender, Gantt-Diagramme oder Kanban-Boards, die die Planung vereinfachen.

Bedenken

* Überoptimierung: Nutzer könnten versuchen, jeden Aspekt ihres Lebens zu „optimieren", was zu Stress oder einer Überlastung führen kann.

* Datensicherheit: Die Nutzung solcher Tools erfordert oft die Speicherung sensibler Daten, die potenziell gefährdet sein könnten.
* Abhängigkeit: Starke Abhängigkeit von Zeitmanagement-Tools könnte die Fähigkeit beeinträchtigen, ohne technische Unterstützung zu arbeiten.

11.1.3.2 Lernfortschritte messen

Der Erfolg in Lernprojekten hängt davon ab, den eigenen Fortschritt zu messen und die Lernmethoden individuell anzupassen. KI-gestützte Lernplattformen wie Duolingo, Babbel oder Memrise bieten maßgeschneiderte Übungen und Analysen, um den Lernprozess effizienter zu gestalten.

Chancen

* Individuelle Anpassung: KI analysiert die Stärken und Schwächen des Nutzers und passt die Übungen entsprechend an.
* Motivation: Durch Gamification-Elemente und Fortschrittsberichte werden Nutzer motiviert, kontinuierlich zu lernen.
* Zeitersparnis: Die gezielte Anpassung der Inhalte ermöglicht es, effizienter zu lernen und Zeit für Wiederholungen zu minimieren.
* Erfolgsmessung: Statistiken und Visualisierungen bieten einen klaren Überblick über den Lernfortschritt, was die Zielverfolgung erleichtert.

Bedenken

* Limitierte Inhalte: KI-gestützte Tools decken nicht immer die gesamte Bandbreite eines Themas ab, was das Lernen einschränken könnte.
* Abhängigkeit: Übermäßige Nutzung von Lern-Apps könnte dazu führen, dass traditionelle Lernmethoden vernachlässigt werden.
* Datenverarbeitung: Die Plattformen sammeln umfangreiche Daten über das Lernverhalten, was Fragen zur Privatsphäre aufwirft.

KI-gestützte Lern-Apps bieten enorme Vorteile bei der Effizienzsteigerung in Lernprojekten. Sie ermöglichen maßgeschneiderte und effektive Lernwege, die den Fortschritt beschleunigen können, sollten jedoch bewusst und ergänzend zu traditionellen Methoden genutzt werden.

11.2 Tools für individuelle Weiterentwicklung

Die fortschreitende Entwicklung von Künstlicher Intelligenz hat eine Vielzahl von Tools hervorgebracht, die Menschen dabei unterstützen, ihre persönliche und berufliche Weiterentwicklung zu fördern. Ob es darum geht, sich selbst besser kennenzulernen, berufliche Fähigkeiten zu verbessern oder persönliche Ziele schneller zu erreichen – KI bietet innovative Lösungen. Dieses Kapitel beleuchtet verschiedene Kategorien von Tools, die auf unterschiedliche Bedürfnisse zugeschnitten sind.

11.2.1 Persönlichkeitsentwicklung

Die Selbstkenntnis ist ein entscheidender Schritt auf dem Weg zur persönlichen Weiterentwicklung. KI-gestützte Plattformen bieten detaillierte Einblicke in die Persönlichkeit und ermöglichen es Nutzern, ihre Stärken und Schwächen zu erkennen und gezielt daran zu arbeiten.

11.2.1.1 MBTI- oder Big Five-Analysen

Plattformen wie Crystal Knows oder Traitify nutzen KI, um tiefgreifende Persönlichkeitsanalysen basierend auf Modellen wie dem MBTI (Myers-Briggs-Typenindikator) oder den Big Five (Fünf-Faktoren-Modell) anzubieten. Diese Erkenntnisse können wertvolle Impulse für die Persönlichkeitsentwicklung liefern.

Chancen

- Selbstreflexion: Nutzer erhalten detaillierte Informationen über ihre Persönlichkeit, einschließlich ihrer Kommunikations- und Entscheidungsstile.
- Beziehungsmanagement: Die Analysen helfen, zwischenmenschliche Beziehungen durch ein besseres Verständnis der eigenen und fremden Persönlichkeitsmerkmale zu verbessern.
- Berufliche Entwicklung: Menschen können ihre beruflichen Präferenzen und Stärken identifizieren und gezielt Karrieren verfolgen, die zu ihnen passen.

Bedenken

- Datenabhängigkeit: Die Qualität der Analyse hängt von den bereitgestellten Daten ab, was zu verzerrten Ergebnissen führen könnte.
- Überinterpretation: Nutzer könnten sich zu stark auf die Ergebnisse verlassen und sich in ihren Möglichkeiten eingeschränkt fühlen.
- Privatsphäre: Persönlichkeitsanalysen erfordern sensible Daten, deren Schutz gewährleistet sein muss.KI-basierte Plattformen wie Crystal Knows helfen, die eigene Persönlichkeit besser zu verstehen.

11.2.1.2   Reflexions-Apps

Reflexion ist ein zentraler Bestandteil der Persönlichkeitsentwicklung. Mithilfe von KI-gestützten Reflexions-Apps wie Journey oder Daylio können Nutzer ihre Gedanken, Emotionen und Verhaltensmuster analysieren. Diese Tools bieten personalisierte Einblicke und unterstützen dabei, sich selbst besser zu verstehen und gezielte Veränderungen vorzunehmen.

Chancen

- Emotionale Selbstwahrnehmung:
  KI-gestützte Analysefunktionen erkennen Stimmungen und Emotionen aus den eingegebenen Daten. Nutzer erhalten dadurch ein besseres Verständnis für ihre emotionalen Zustände und deren Ursachen.
- Personalisierte Empfehlungen:
  Reflexions-Apps bieten basierend auf den erkannten Mustern Ratschläge und Übungen, z. B. Meditationen oder Journaling-Fragen, um das emotionale Wohlbefinden zu steigern.
- Langfristige Einblicke:
  Die Analyse von Trends über Wochen oder Monate hinweg ermöglicht es, Muster und wiederkehrende Auslöser für bestimmte Gedanken oder Gefühle zu erkennen. Das hilft, gezielt an langfristigen Zielen wie Stressabbau oder persönlichem Wachstum zu arbeiten.
- Erreichbarkeit:
  Reflexions-Apps sind jederzeit verfügbar und machen die Selbstreflexion zugänglicher, selbst in einem hektischen Alltag.

Bedenken
* Datenschutz:
Da Reflexions-Apps sensible persönliche Daten speichern und analysieren, ist ein hoher Schutz der Privatsphäre erforderlich. Unsichere Apps könnten die Vertraulichkeit der Daten gefährden.
* Fehlinterpretationen:
Die KI-Analysen sind nur so gut wie die eingegebenen Daten. Eine unzureichende oder unausgewogene Datengrundlage kann zu falschen Rückschlüssen und Empfehlungen führen.
* Emotionale Abhängigkeit:
Nutzer könnten sich zu sehr auf die App verlassen und weniger Eigeninitiative in ihrer Reflexion zeigen. Dies könnte dazu führen, dass sie ohne die App weniger gut zurechtkommen.
* Technologische Verzerrungen:
Die KI-Modelle sind abhängig von ihrer Programmierung und können kulturelle oder individuelle Unterschiede nicht immer vollständig berücksichtigen.

11.2.2 Lernen und Weiterbildung

KI verändert die Art und Weise, wie wir lernen und uns weiterbilden. Durch personalisierte Unterstützung und interaktive Technologien eröffnen KI-Tools wie Khan Academy, Coursera und moderne Sprach-KI-Plattformen neue Wege für effektives und individuell angepasstes Lernen. Diese Technologien bieten Nutzern nicht nur Zugang zu Wissen, sondern ermöglichen auch interaktive und kontinuierliche Weiterentwicklung, unabhängig von Ort und Zeit.

11.2.2.1 KI-Tutoren

KI-Tutoren revolutionieren das Lernen durch individuelle Betreuung und personalisierte Lernpläne. Plattformen wie Khan Academy und Coursera passen den Unterrichtsstoff an das Lernniveau und den Fortschritt des Nutzers an.

Chancen

* Personalisierte Lernpläne:
  KI-Algorithmen analysieren die Stärken und Schwächen eines Nutzers und schlagen darauf basierende Übungen und Inhalte vor. Beispiel: Ein Mathematikstudent erhält gezielte Aufgaben, um Schwächen in Algebra zu beheben.
* Flexibilität:
  Lernplattformen bieten Inhalte, die jederzeit und von überall zugänglich sind, und ermöglichen so eine Weiterbildung im eigenen Tempo.
* Motivation durch Gamification:
  Viele Plattformen nutzen Spielelemente wie Punkte, Abzeichen und Fortschrittsanzeigen, um die Lernmotivation zu steigern.

Bedenken

* Fehlende menschliche Interaktion:
  Trotz der Effizienz von KI-Tutoren fehlt oft die persönliche Note eines menschlichen Lehrers, der emotionales Feedback geben kann.
* Abhängigkeit von Technologie:
  Nutzer könnten sich zu stark auf die Plattformen verlassen, anstatt eigenständig Problemlösungsfähigkeiten zu entwickeln.

11.2.2.2 Sprach-KI

Sprach-KI-Tools wie Grammarly, DeepL und neuere Entwicklungen wie die interaktive Nutzung von ChatGPT helfen, Sprachfähigkeiten zu verbessern und Texte zu optimieren. Sie bieten umfassende Unterstützung, von Grammatik- und Stilvorschlägen bis hin zur Übersetzung und kreativen Textgenerierung.

Chancen

* Echtzeit-Feedback:
  Tools wie Grammarly geben sofortige Rückmeldungen zu Rechtschreibung, Grammatik und Stil, wodurch Nutzer ihre Sprachkenntnisse schnell verbessern können.
* Effektive Übersetzungen:

DeepL ermöglicht präzise Übersetzungen, die auch kontextuelle Feinheiten berücksichtigen.

* Interaktive Unterstützung durch ChatGPT:
  Nutzer können direkt mit ChatGPT kommunizieren, um Texte zu analysieren, Sprachfragen zu klären oder sogar Dialoge zu üben.
  Beispiel: Ein Nutzer spricht mit ChatGPT auf Englisch, um Konversationsfähigkeiten zu trainieren, und erhält dabei sofortige Korrekturen und Verbesserungsvorschläge.
* Zugang zu Wissen:
  Sprach-KI kann komplexe Themen in einfachen Worten erklären und so das Lernen erleichtern.

Bedenken

* Fehlende Kreativität:
  Trotz der Unterstützung von KI können menschliche Kreativität und Nuancen nicht immer vollständig ersetzt werden.
* Datenschutz:
  Die Verarbeitung sensibler Daten, insbesondere bei der Nutzung interaktiver KI-Plattformen, erfordert hohe Sicherheitsstandards.
* Verzerrungen:
  Sprachmodelle können ungenaue oder voreingenommene Antworten liefern, die nicht immer den gewünschten Lerneffekt haben.

KI-Tutoren und Sprach-KI haben das Potenzial, das Lernen und die Weiterbildung auf ein neues Niveau zu heben. Sie ermöglichen eine personalisierte und interaktive Lernerfahrung, die sich an den individuellen Bedürfnissen der Nutzer orientiert. Besonders die Möglichkeit, mit fortschrittlichen KI-Tools wie ChatGPT zu sprechen, öffnet neue Türen für dialogbasiertes Lernen und Sprachtraining. Um den maximalen Nutzen aus diesen Tools zu ziehen, ist es jedoch wichtig, sie bewusst einzusetzen und durch andere Lernmethoden zu ergänzen. Gleichzeitig sollten Nutzer Datenschutzrichtlinien und mögliche Verzerrungen im Blick behalten, um eine sichere und effektive Nutzung zu gewährleisten.

11.2.3 Karriereentwicklung

Künstliche Intelligenz hat die Art und Weise, wie Menschen ihre Karriere gestalten und weiterentwickeln, grundlegend verändert. Von der Bewerbungsunterstützung bis hin zur Analyse von Karrierechancen ermöglichen KI-Tools eine gezielte und effiziente Vorbereitung auf den Arbeitsmarkt. In diesem Kapitel wird beleuchtet, wie KI Menschen dabei hilft, ihre beruflichen Ziele zu erreichen.

Tools wie Rezi und Zety setzen auf KI, um Lebensläufe und Bewerbungsschreiben zu erstellen, die optimal auf Stellenanzeigen abgestimmt sind. Diese Anwendungen nutzen Datenanalysen, um Schlüsselwörter und Anforderungen aus Stellenanzeigen zu extrahieren und die Dokumente entsprechend anzupassen.

Chancen

* Optimierung von Lebensläufen:
  KI analysiert Stellenausschreibungen und passt Lebensläufe gezielt an, um die Relevanz und die Chancen auf eine Einladung zum Vorstellungsgespräch zu erhöhen.
  Beispiel: Ein Bewerber möchte sich für eine Stelle im Marketing bewerben. Rezi schlägt ihm vor, Begriffe wie „SEO-Strategien" und „Kampagnenmanagement" hervorzuheben, da diese häufig in der Stellenanzeige vorkommen.
* Zeiteinsparung:
  Die automatisierte Erstellung von Lebensläufen und Anschreiben spart Stunden manueller Arbeit und ermöglicht es Bewerbern, sich auf andere Aspekte der Jobsuche zu konzentrieren.
* Personalisierte Empfehlungen:
  Einige Tools bieten personalisierte Vorschläge zur Verbesserung der Darstellung von Fähigkeiten und Erfahrungen, die auf Branchenstandards basieren.

Bedenken

* Standardisierung:
  KI-gestützte Lebensläufe könnten dazu führen, dass Bewerbungen zu einheitlich wirken, was es schwieriger macht, sich von der Masse abzuheben.

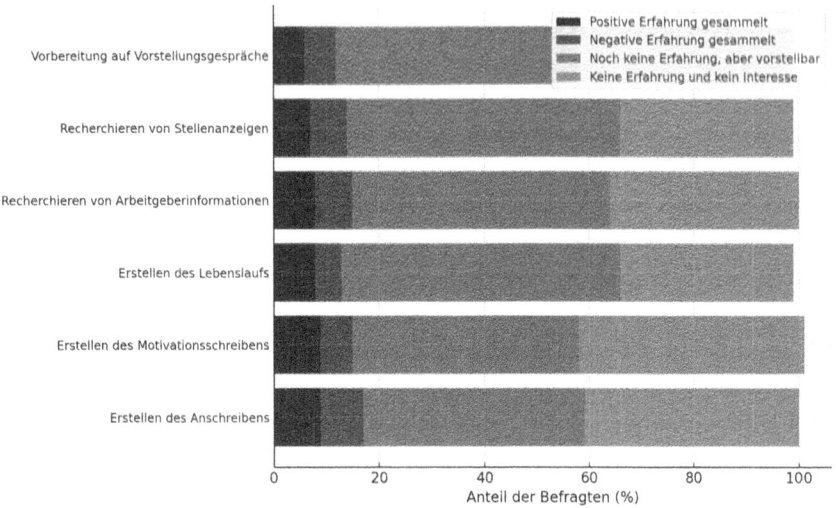

Abb. 11.1 https://de.statista.com/statistik/daten/studie/1468405/umfrage/umfrage-zur-nutzung-von-ki-im%250Abewerbungsprozess-indeutschland/?utm_source=chatgpt.com

- Abhängigkeit:
  Bewerber könnten sich zu stark auf Tools verlassen und ihre eigenen Schreib- und Analysefähigkeiten vernachlässigen.
- Fehlinterpretationen:
  KI kann bestimmte Fähigkeiten oder Erfahrungen falsch interpretieren und dadurch unpassende Vorschläge machen (Abb. 11.1).

11.2.3.1 Netzwerkaufbau

Ein starkes berufliches Netzwerk ist oft der Schlüssel zu neuen Karrierechancen. Plattformen wie LinkedIn haben den Netzwerkaufbau revolutioniert, indem sie Künstliche Intelligenz einsetzen, um Nutzer mit relevanten Kontakten, Gruppen und Weiterbildungsmöglichkeiten zu verbinden. KI unterstützt hierbei nicht nur die Vernetzung, sondern auch die gezielte Karriereförderung.

11.2.4 Gesundheits- und Fitnessanwendungen

Gesundheit und Wohlbefinden sind wesentliche Aspekte der persönlichen Entwicklung. Künstliche Intelligenz revolutioniert diesen Bereich durch personalisierte Lösungen, die auf die individuellen Bedürfnisse jedes Nutzers abgestimmt sind. Von Fitness-Tracking bis hin zu mentaler Gesundheit bieten KI-gestützte Anwendungen eine umfassende Unterstützung, um körperlich und geistig fit zu bleiben.

11.2.4.1 KI-gestütztes Fitness-Tracking

Chancen
* Personalisierte Fitnesspläne:
  KI-Tools wie MyFitnessPal oder Fitbit erstellen auf Grundlage von Gesundheitsdaten, Aktivitätsniveau und persönlichen Zielen maßgeschneiderte Trainingspläne.
  Beispiel: Eine Person mit einem sitzenden Lebensstil erhält Vorschläge für einfache, aber effektive Workouts, die schrittweise gesteigert werden können.
* Ernährungsanalyse:
  Apps analysieren Ernährungsgewohnheiten und geben Empfehlungen zur Optimierung der täglichen Kalorienaufnahme und Nährstoffzufuhr.
* Echtzeit-Feedback:
  Durch die kontinuierliche Erfassung von Bewegungs- und Gesundheitsdaten können Nutzer direkt Rückmeldungen zu ihrer Leistung oder Haltung erhalten.

Bedenken
* Datenschutz:
  Die Erfassung und Verarbeitung sensibler Gesundheitsdaten kann Fragen hinsichtlich der Datensicherheit und Privatsphäre aufwerfen.
* Abhängigkeit von Technologie:
  Nutzer könnten sich zu sehr auf KI-gestützte Fitnesslösungen verlassen und die Fähigkeit zur selbstständigen Planung vernachlässigen.

11.2.4.2   Mentale Gesundheit

Auch im Bereich der mentalen Gesundheit leisten KI-gestützte Apps einen Beitrag, indem sie niedrigschwellige und personalisierte Unterstützung anbieten.

Chancen
* Einfache Zugänglichkeit:
  Apps wie Wysa oder Woebot bieten sofortigen Zugang zu Gesprächsunterstützung und Übungen zur Stressbewältigung – rund um die Uhr. Beispiel: Ein Nutzer mit Schlafproblemen nutzt eine geführte Atemübung, um zur Ruhe zu kommen.
* Diskretion:
  Nutzer können in einer vertraulichen Umgebung Unterstützung erhalten, ohne sich einer Person gegenüber öffnen zu müssen.
* Früherkennung:
  KI analysiert Muster in Gesprächen und schlägt präventive Maßnahmen vor, um ernsthaften Problemen vorzubeugen.

Bedenken
* Begrenzte Empathie:
  KI kann menschliches Mitgefühl und tiefes Verständnis nicht vollständig ersetzen, was bei komplexen psychischen Problemen problematisch sein kann.
* Fehleranfälligkeit:
  Missinterpretationen von Eingaben oder Verhaltensmustern könnten zu ungeeigneten Empfehlungen führen.

KI-gestützte Mental-Health-Apps sind eine wertvolle Ergänzung, um das Wohlbefinden zu fördern. Sie ersetzen jedoch keine professionelle Therapie und sollten als unterstützendes Werkzeug genutzt werden.

11.3 Persönliche und berufliche Zielsetzungen mit KI erreichen

Künstliche Intelligenz eröffnet neue Möglichkeiten, um persönliche und berufliche Ziele effektiver zu definieren, zu verfolgen und erfolgreich umzusetzen. Von der Zielfindung bis zur Überwindung von Hindernissen unterstützt KI Menschen dabei, ihren Weg klarer und strukturierter zu gestalten.

11.3.1 Zielfindung und -setzung

11.3.1.1 Smart Goals mit KI

Chancen
* Klare Zieldefinition:
  KI-gestützte Tools wie Trello oder Notion helfen dabei, spezifische, messbare, erreichbare, relevante und zeitgebundene (SMART) Ziele zu formulieren. Sie bieten Vorlagen und Vorschläge, die auf den individuellen Bedürfnissen basieren.
  Beispiel: Ein Selbstständiger nutzt eine KI-Plattform, um messbare Meilensteine für das nächste Quartal zu definieren und so seine Produktivität zu steigern.
* Automatische Anpassung:
  KI analysiert Fortschritte und schlägt realistische Änderungen oder neue Zwischenziele vor, um den Erfolg zu maximieren.
* Zielvisualisierung:
  Grafische Darstellungen und Berichte geben Nutzern eine klare Übersicht über ihre Fortschritte und motivieren zum Weitermachen.

Bedenken
* Abhängigkeit von Technologie:
  Übermäßige Nutzung von KI könnte dazu führen, dass Nutzer ihre Selbstreflexionsfähigkeit und Eigeninitiative verlieren.
* Unrealistische Erwartungen:
  KI kann Ziele vorschlagen, die auf Basis von Daten zu optimistisch oder schwer erreichbar sind, was zu Frustration führen könnte.

11.3.1.2 Lebensbereichsanalyse

Die Balance zwischen verschiedenen Lebensbereichen ist entscheidend für ein erfülltes Leben. KI-gestützte Coaching-Plattformen ermöglichen eine präzise Analyse persönlicher Prioritäten und helfen dabei, Ziele in Bereichen wie Gesundheit, Karriere oder Beziehungen besser zu definieren und zu verfolgen.

Chancen
- Ganzheitliche Betrachtung:
  KI-Tools wie BetterUp oder Habitica analysieren alle Lebensbereiche und helfen, individuelle Prioritäten zu setzen. Dies führt zu einer besseren Balance zwischen beruflichem und privatem Leben.
- Dynamische Anpassung:
  KI kann Veränderungen in den Lebensumständen erkennen und darauf basierend neue Empfehlungen geben. Zum Beispiel könnten steigende Arbeitsbelastungen durch Anpassungen im Freizeitplan ausgeglichen werden.
- Gezielte Unterstützung:
  Coaching-Plattformen bieten personalisierte Handlungsempfehlungen, etwa zur Stressbewältigung oder Zeitmanagement, um spezifische Herausforderungen in verschiedenen Lebensbereichen zu meistern.
- Beispiel: Eine Führungskraft verwendet ein OKR-Tool (Objectives and Key Results), um berufliche Ziele zu definieren. Sie erhält wöchentliche Updates über Fortschritte und Empfehlungen zur Anpassung der Prioritäten.

Bedenken
- Mangelnde Individualität:
  Standardisierte Algorithmen könnten die Komplexität individueller Lebenssituationen nicht vollständig erfassen und so unpassende Empfehlungen geben.
- Datenschutz:
  Die Analyse persönlicher Prioritäten erfordert sensible Informationen, die bei unsachgemäßer Verarbeitung ein Risiko für die Privatsphäre darstellen können.

* Abhängigkeit von Technologie:
  Die ständige Nutzung von KI zur Prioritätensetzung könnte dazu führen, dass Menschen weniger auf ihre Intuition hören oder ihre Selbstreflexion vernachlässigen.

Um langfristig authentische Entscheidungen zu treffen, ist es jedoch bei allen KI-gestützte Analysen wichtig, die eigene Selbstreflexion und Intuition zu bewahren.

11.3.2 Unterstützung bei der Zielerreichung

Die Erreichung gesetzter Ziele erfordert Durchhaltevermögen und die richtigen Werkzeuge. KI kann durch innovative Features wie Gamification und automatisierte Erinnerungen effektiv dabei helfen, fokussiert zu bleiben.

11.3.2.1 Motivationsverstärker

Chancen
Gamification-Ansätze, wie sie in Lernplattformen oder Fitness-Apps genutzt werden, können die Motivation durch spielerische Elemente hochhalten. Punktesysteme, Abzeichen oder Wettbewerbe fördern den Ehrgeiz und die regelmäßige Zielverfolgung.
Beispiel:
Ein Nutzer einer Sprachlern-App wie Duolingo erhält Abzeichen für abgeschlossene Lektionen, wodurch er sich animiert fühlt, weiter zu lernen.

Bedenken
Übermäßige Abhängigkeit von Belohnungen könnte die intrinsische Motivation verringern.
Gamification-Elemente müssen sorgfältig gestaltet sein, um langfristig ansprechend zu bleiben.

11.3.2.2   Zeitliche Erinnerungen

Chancen
KI-Tools wie Todoist oder Notion erinnern zuverlässig an Deadlines und regelmäßige Aufgaben, wodurch Stress reduziert und Ziele nicht aus den Augen verloren werden. Diese Funktionen helfen, den Alltag besser zu strukturieren und Prioritäten zu setzen.

Bedenken
- Eine Überflutung mit Erinnerungen könnte kontraproduktiv sein und zu „Reminder-Müdigkeit" führen.
- Zu stark strukturierte Zeitpläne lassen wenig Raum für spontane Kreativität.

11.3.3 Hindernisse überwinden

Auf dem Weg zur Zielerreichung treten oft Hindernisse auf. KI bietet Lösungen, um Probleme frühzeitig zu erkennen und Unterstützung in herausfordernden Momenten zu leisten.

11.3.3.1   Problemanalyse

Chancen
Durch Datenanalysen und Simulationen kann KI-Hindernisse identifizieren und effektive Lösungen aufzeigen. Besonders in komplexen Projekten ermöglicht dies eine schnelle und präzise Anpassung von Strategien.
Beispiel:
Ein Projektmanager erkennt mithilfe einer KI-Analyse Engpässe in der Ressourcenplanung und passt diese rechtzeitig an, um Verzögerungen zu vermeiden.

Bedenken
- Die Ergebnisse können zu stark auf Daten beruhen und individuelle Nuancen übersehen.

• Eine hohe Abhängigkeit von KI könnte die eigene Entscheidungsfähigkeit beeinträchtigen. KI kann helfen, Hindernisse zu identifizieren und Lösungen vorzuschlagen, z. B. durch Datenauswertungen oder Simulationen.

11.3.3.2 Emotionale Unterstützung

KI-Coaching-Apps wie BetterUp bieten Beratung und Feedback zu Herausforderungen im Alltag.

Beispiel:

Ein Mitarbeiter mit einer Präsentationsangst nutzt eine KI-gestützte App, die ihm durch simulierte Präsentationen hilft, seine Angst zu überwinden und sein Selbstvertrauen zu stärken.

KI ist ein leistungsstarkes Werkzeug, das Menschen dabei unterstützt, persönliche Stärken zu fördern, neue Fähigkeiten zu entwickeln und ihre Ziele zu erreichen. Durch gezielte Anwendungen von KI können sowohl persönliche als auch berufliche Herausforderungen effizienter gemeistert werden. Unternehmen und Individuen, die KI als Partner für Wachstum und Entwicklung sehen, schaffen sich langfristig einen Wettbewerbsvorteil.

12

Optimierung des Zusammenspiels von Mensch und KI

Wie KI den Arbeitsalltag bereichert und Mitarbeiter begeistert

12.1 Grenzen der KI erkennen

KI stellt ein mächtiges Werkzeug dar, dessen Funktionalität jedoch nicht grenzenlos ist. Genau diese Einschränkungen müssen zunächst verstanden werden, um sie verantwortungsvoll einzusetzen. Die fortschreitende Entwicklung von KI-Systemen hat die Arbeitsweise von Unternehmen grundlegend verändert und eine Vielzahl neuer Möglichkeiten eröffnet. Die Anwendungsgebiete sind beeindruckend: von der Automatisierung repetitiver Aufgaben über die Analyse großer Datenmengen bis hin zur Unterstützung in komplexen Entscheidungsprozessen. Bei aller Begeisterung für die vielseitigen Einsatzmöglichkeiten dieser Technologie darf jedoch nicht vergessen werden, auch ihre Schwächen und Grenzen zu berücksichtigen. Nur so lässt sich sicherstellen, dass sie effektiv und verantwortungsvoll eingesetzt wird. Nur durch ein realistisches Bild der Fähigkeiten von KI können Unternehmen vermeiden, in überzogene Erwartungen oder risikoreiche Fehlentscheidungen zu geraten.

Die Zukunft gehört denen, die sie mitgestalten.

M. Peukert, *KI-Mindset entwickeln*, https://doi.org/10.1007/978-3-658-47902-2_12

Ein wesentliches Problem bei KI-Systemen ist ihre Abhängigkeit von qualitativ hochwertigen Daten. KI-Algorithmen basieren auf großen Datenmengen, die als Grundlage für Mustererkennung und Prognosen dienen. Die Verwendung fehlerhafter, unvollständiger oder einseitiger Daten kann zu verzerrten Ergebnissen führen. Die Abhängigkeit von Datenqualität ist insbesondere in sensiblen Bereichen wie dem Gesundheitswesen, der Personalbeschaffung oder dem Finanzwesen von großer Bedeutung. Eine unzulängliche Analyse oder Prognose kann gravierende Konsequenzen nach sich ziehen, die nicht nur finanzielle Einbußen, sondern auch soziale Ungerechtigkeiten oder ethische Konflikte umfassen.

Eine weitere Herausforderung stellt die sogenannte „Black-Box"-Problematik dar. Die Entscheidungsprozesse moderner KI-Systeme, insbesondere solcher, die maschinelles Lernen oder neuronale Netze nutzen, sind für Menschen oft schwer nachvollziehbar, da sie sehr komplex sind. Das fehlende Verständnis für die Funktionsweise und Logik der KI-Entscheidungen kann zu Misstrauen führen und stellt insbesondere in regulierten Branchen ein Hindernis dar, da dort Transparenz und Nachvollziehbarkeit entscheidend sind. Unternehmen und Organisationen, die keine hinreichende Erklärung für auf KI-Analysen basierende Entscheidungen liefern können, riskieren nicht nur eine Beeinträchtigung der Akzeptanz der Technologie, sondern auch die Aufwertung rechtlicher und ethischer Fragen.

Darüber hinaus ist zu berücksichtigen, dass KI an ihre Grenzen stößt, wenn es um moralische oder emotionale Entscheidungen geht. Während KI hervorragend darin ist, Daten zu analysieren und effiziente Lösungen vorzuschlagen, fehlt ihr jegliches Verständnis für Werte, Empathie oder Kontext. Bei Entscheidungen, die moralische Überlegungen oder soziale Sensibilität erfordern, ist die Unterstützung durch eine Maschine nicht zielführend. So kann eine KI-gestützte Personalsoftware Bewerbungen nach vorgegebenen Parametern analysieren, jedoch keine Aussage darüber treffen, wie gut ein Kandidat kulturell oder emotional ins Team passt.

Die Integration von KI birgt zudem das Risiko einer Überautomatisierung. Es besteht die Gefahr, dass menschliche Fähigkeiten und Verantwortlichkeiten vernachlässigt werden, wenn möglichst viele Prozesse an die Technologie ausgelagert werden. Eine zu starke Fokussierung auf Automatisierung birgt das Risiko, dass insbesondere kreative, strategische und zwischenmenschliche Fähigkeiten vernachlässigt werden. Dies hätte nicht nur Veränderungen der Arbeitskultur zur Folge, sondern würde auch die langfristige Innovationskraft eines Unternehmens gefährden.

Trotz dieser Herausforderungen bieten die Grenzen der KI auch Chancen. Sie zwingen Unternehmen dazu, eine bewusste Balance zwischen Technologie und menschlicher Expertise zu finden. Der gezielte Einsatz von KI in Bereichen wie Datenanalyse und Prozessautomatisierung ermöglicht es Organisationen, die Stärken des Menschen als Kontrollinstanz und kreativen Entscheider zu stärken. Dies resultiert in einer symbiotischen Zusammenarbeit, in der die jeweiligen Stärken von Mensch und Maschine optimal genutzt werden.

Die Chancen sind vielversprechend:

- Durch das Erkennen der Grenzen lässt sich der Einsatz von KI in Unternehmen gezielter gestalten, um dadurch den größten Nutzen zu erzielen.
- Förderung menschlicher Fähigkeiten: Die Konzentration auf KI-taugliche Aufgaben schafft Freiraum für den Menschen, sich auf kreative und komplexe Problemstellungen zu fokussieren.
- Minimierung von Risiken: Ein realistisches Bild der KI-Fähigkeiten verhindert übermäßige Erwartungen und Fehlinvestitionen.

Es bestehen folgende Bedenken:

- Selbstlernende Systeme können Entscheidungen treffen, die menschliches Eingreifen erfordern, wodurch eine Überforderung durch Unvorhersehbarkeit entstehen kann.
- Die Qualität der Daten ist entscheidend für die Effektivität und Glaubwürdigkeit von KI-Entscheidungen. Schlechte Daten können diese beeinträchtigen.
- Ethische Fragestellungen und Herausforderungen: KI stößt an Grenzen, wenn es um moralische Entscheidungen geht, da ihr eine Wertebasis fehlt.

Zusammenfassend lässt sich festhalten, dass das Verständnis der Grenzen von KI ein wesentlicher Bestandteil für einen erfolgreichen Einsatz ist. Unternehmen, die die Grenzen von KI kennen und respektieren, können die Technologie gezielt nutzen, um ihre Effizienz zu steigern, ohne dabei die menschlichen Werte und Fähigkeiten aus den Augen zu verlieren. KI sollte nicht als Allheilmittel betrachtet werden. Vielmehr sollte sie als Werkzeug verstanden werden, das den Menschen ergänzt und unterstützt. Eine bewusste und verantwortungsvolle Nutzung ist Voraussetzung für die Entfaltung des vollen Potenzials von KI. Dabei müssen die Risiken ihrer Einschränkungen berücksichtigt werden.

12.2 Ethische Grundsätze zum verantwortungsvollen Umgang mit KI

Die Nutzung von KI bietet zahlreiche Vorteile, wirft jedoch auch eine Reihe ethischer Fragen auf. Um den verantwortungsvollen und nachhaltigen Einsatz von KI-Technologien zu gewährleisten, ist eine detaillierte Analyse der potenziellen Risiken und Auswirkungen sowie die Entwicklung von Maßnahmen, die ethische Prinzipien und gesellschaftliche Verantwortung in den Mittelpunkt stellen, unerlässlich.

Die Leistungsfähigkeit von KI-Systemen basiert auf der Fähigkeit, auf große Datenmengen zuzugreifen, diese zu analysieren und daraus Muster und Vorhersagen abzuleiten. Diese Daten stammen oft aus sensiblen Quellen wie persönlichen Informationen, Konsumverhalten oder medizinischen Unterlagen. Der Umgang mit solchen Daten wirft grundlegende Fragen zum Datenschutz und zur Privatsphäre auf, die es zu beantworten gilt. Wie können Unternehmen sicherstellen, dass die Rechte der Nutzer gewahrt bleiben? Es sind strenge Sicherheitsvorkehrungen, Transparenz in der Datenverarbeitung sowie die Einhaltung von Datenschutzgesetzen, wie der Datenschutz-Grundverordnung (DSGVO) in Europa, erforderlich. Eine unachtsame oder unverantwortliche Nutzung kann nicht nur rechtliche Konsequenzen nach sich ziehen, sondern auch das Vertrauen der Nutzer nachhaltig beeinträchtigen.

Ein weiterer ethischer Aspekt ist die potenzielle Verzerrung (Bias) in KI-Modellen. Die Auswertung von Daten durch Algorithmen führt häufig zu einer Reproduktion unbewusster Vorurteile, die in den Daten selbst enthalten sind. Dies kann zu diskriminierenden Entscheidungen führen, beispielsweise bei der Einstellung von Mitarbeitern, der Vergabe von Krediten oder der Bewertung von Versicherungsrisiken. Die Verantwortung für die regelmäßige Überprüfung und faire Optimierung dieser Systeme liegt bei den Entwicklern und Unternehmen. Die Etablierung von Diversität in den Teams, die KI entwickeln, sowie die Nutzung vielfältiger und repräsentativer Datensätze sind wesentliche Maßnahmen, um Bias zu minimieren.

Auch die Automatisierung und der Einsatz von KI in sensiblen Bereichen wie dem Gesundheitswesen, der Strafverfolgung oder sozialen Dienstleistungen werfen ethische Fragen auf. In welchem Umfang ist eine Automatisierung zulässig? Ein Beispiel für eine solche Entscheidung wäre die Frage, ob eine KI darüber bestimmen darf, ob eine medizinische Behandlung priorisiert wird oder nicht. Die genannten Szenarien machen deutlich, dass es einer klaren rechtlichen und moralischen Grundlage bedarf, um zu definieren, welche Entscheidungen von Menschen und welche von Maschinen getroffen werden dürfen.

Die Verantwortung im Umgang mit KI geht jedoch über technische Fragen hinaus. Unternehmen, die KI einsetzen, tragen eine soziale Verantwortung gegenüber ihren Mitarbeitern und der Gesellschaft insgesamt. Die Einführung von KI kann dazu führen, dass bestehende Arbeitsplätze transformiert oder sogar ersetzt werden. Während die Automatisierung zu Effizienzgewinnen führt, ist sicherzustellen, dass Mitarbeiter umgeschult und auf neue Rollen vorbereitet werden. Eine rein wirtschaftliche Perspektive, die Arbeitskräfte zugunsten von KI-Technologien verdrängt, birgt das Risiko einer langfristigen Verstärkung sozialer Ungleichheiten und einer Untergrabung des öffentlichen Vertrauens in diese Technologien.

Transparenz und Rechenschaftspflicht: KI-Systeme sollten so gestaltet sein, dass ihre Funktionsweise für alle Beteiligten nachvollziehbar ist. Dies gilt insbesondere für Algorithmen, die wesentliche Entscheidungen treffen. Unternehmen und Organisationen müssen sicherstellen, dass sie die Verantwortung für die Ergebnisse dieser Systeme übernehmen und transparent kommunizieren, wie sie zu ihren Entscheidungen gelangen. Dies ist nicht nur ein Zeichen von Integrität, sondern auch ein wesentlicher Schritt, um das Vertrauen in die Technologie zu stärken.

Darüber hinaus sollten ethische Überlegungen bei der Entwicklung neuer KI-Systeme beachtet werden. Der Einsatz ethischer Kontrollmechanismen, wie beispielsweise Ethikkommissionen oder externe Audits, kann dazu beitragen, potenzielle Risiken frühzeitig zu erkennen und verantwortungsvolle Innovationen zu fördern. Dabei muss eine interdisziplinäre Perspektive eingenommen werden, die sowohl technische, rechtliche als auch gesellschaftliche Aspekte berücksichtigt.

Die Chancen, die sich aus der genannten Entwicklung ergeben, sind vielfältig.

- Wir fördern verantwortungsvolle Innovationen. Unternehmen, die ethische Prinzipien beachten, sind in der Lage, innovative KI-Lösungen zu entwickeln, die auf gesellschaftliche Akzeptanz stoßen.
- Vertrauen stärken: Ein transparenter Umgang mit KI-Systemen fördert das Vertrauen der Nutzer und stärkt die langfristige Kundenbindung.
- Risiken lassen sich wie folgt minimieren: Die Beachtung ethischer Grundsätze ist eine wichtige Maßnahme, um rechtliche Konflikte und Reputationsschäden zu vermeiden.

Bitte beachten Sie folgende Bedenken:

- Es fehlen einheitliche Standards. Die fehlenden einheitlichen ethischen und rechtlichen Standards erschweren den globalen Einsatz von KI.
- Desinformation: KI könnte eingesetzt werden, um gezielt Falschinformationen zu verbreiten.
- Es besteht die Gefahr, dass bestehende soziale und wirtschaftliche Ungleichheiten durch den Einsatz von KI verschärft werden, sofern keine geeigneten Maßnahmen ergriffen werden.

12.3 Wie Mensch und KI gemeinsam Mehrwert schaffen

Die Zusammenarbeit von Mensch und Künstlicher Intelligenz birgt das Potenzial, die Produktivität und Effizienz in Unternehmen und Gesellschaft grundlegend zu transformieren. Die Kombination der jeweiligen Stärken – wie die Kreativität und emotionale Intelligenz des Menschen sowie die datenbasierte Präzision und Geschwindigkeit der KI – ermöglicht die Realisierung außergewöhnlicher Synergien. Das Zusammenwirken beider Elemente erlaubt es, Herausforderungen effizienter zu bewältigen und innovative Lösungen zu entwickeln, die weder allein durch Menschen noch allein durch Maschinen realisierbar wären.

Die Stärke der KI liegt vor allem in ihrer Fähigkeit, große Datenmengen in kürzester Zeit zu analysieren und daraus relevante Muster und Erkenntnisse abzuleiten. Die datengetriebene Präzision kann beispielsweise in der Medizin dazu beitragen, Diagnosen schneller und genauer zu stellen. Der Mensch übernimmt dabei die emotionale Unterstützung sowie die Entscheidungsfindung in komplexen oder moralischen Fragen. Im Unternehmenskontext können KI-Systeme Entscheidungsprozesse unterstützen, indem sie Optionen vorschlagen und potenzielle Risiken aufzeigen, die dann durch menschliches Urteilsvermögen bewertet werden.

Ein weiterer entscheidender Vorteil der Zusammenarbeit liegt in der Möglichkeit, repetitive und zeitaufwendige Aufgaben zu automatisieren. Dadurch steht den Mitarbeitenden mehr Zeit für kreative, strategische und zwischenmenschliche Tätigkeiten zur Verfügung, die einen höheren Mehrwert schaffen. Beispielsweise können Mitarbeiter durch die Automatisierung administrativer Aufgaben ihre Energie auf Innovation und Problemlösung konzentrieren, während KI-Systeme Routinearbeiten im Hintergrund effizient erledigen.

Ein weiteres Feld, in dem eine harmonische Interaktion von Mensch und KI möglich ist, ist die Personalisierung. KI-Systeme können auf Basis präziser Analysen personalisierte Empfehlungen, Produkte oder Dienstleistungen anbieten, die durch die menschliche Interaktion und Anpassung noch authentischer und effektiver werden. Dies gilt sowohl für die Kundenbetreuung als auch für Bildungs- und Gesundheitsanwendungen, bei denen die individuelle Betreuung durch den Menschen nach wie vor unerlässlich ist.

Die genannten Bereiche bieten Chancen für neue Geschäftsmodelle, die auf der Kombination von menschlichen und künstlichen Fähigkeiten basieren.

• Die Kombination von menschlichen und KI-Fähigkeiten führt zu effizienteren Arbeitsabläufen und einer höheren Wertschöpfung. Dadurch lassen sich Produktivitätssteigerungen erzielen. Während die KI sich auf Analyse und Automatisierung konzentriert, können Menschen strategische Entscheidungen treffen und kreative Prozesse anstoßen.

- Verbesserte Entscheidungsfindung: KI bietet datenbasierte Analysen und Modelle, die das menschliche Urteilsvermögen ergänzen und Entscheidungsprozesse fundierter machen. Dadurch lassen sich Risiken reduzieren und Chancen effektiver nutzen.
- Förderung von Innovation: Die Zusammenarbeit von Mensch und KI ermöglicht die Entwicklung neuer Lösungsansätze, die von einem der beiden allein nicht hätten realisiert werden können. Dies führt zur Entwicklung innovativer Ideen und Technologien.
- Personalisierung: KI ermöglicht die Bereitstellung hochgradig personalisierter Dienstleistungen und Produkte, die durch menschliche Anpassung und Betreuung optimiert werden. Dies führt zu einer stärkeren Kundenbindung an das Unternehmen.

Aber auch hier gibt es Bedenken.

- Ein möglicher Verlust von Arbeitsplätzen ist zu berücksichtigen. Die fortschreitende Automatisierung birgt das Risiko, dass menschliche Arbeitskraft in einigen Branchen zunehmend durch Maschinen ersetzt wird. Es besteht die Möglichkeit, dass besonders stark betroffene Sektoren mit sozialen und wirtschaftlichen Herausforderungen konfrontiert werden.
- Eine zu starke Abhängigkeit von KI-Systemen birgt das Risiko, dass menschliche Fähigkeiten wie kritisches Denken und Problemlösung weniger trainiert werden und somit an Bedeutung verlieren.
- Die erfolgreiche Zusammenarbeit zwischen Mensch und KI erfordert erhebliche Investitionen in Technologie, Schulung und organisatorische Anpassungen. Dies kann mit hohen Kosten verbunden sein und zu langen Implementierungszeiten führen.

12.4 Vertrauen aufbauen: Wie Mensch und KI effektiver zusammenarbeiten können

Eine erfolgreiche Zusammenarbeit zwischen Mensch und KI basiert auf Vertrauen. Vertrauen kann jedoch nicht vorausgesetzt werden, sondern muss aktiv durch transparente Prozesse, klare Kommunikation und nachvollziehbare Entscheidungen aufgebaut werden. In einer Zeit, in der KI zunehmend in Entscheidungen eingebunden wird – von der Auswahl von Bewerbern bis zur Diagnose medizinischer Probleme –, die Ergebnisse und Funktionsweisen dieser Technologien sind für den Menschen verständlich zu machen. Nutzer sollen nicht nur die korrekte Funktionsweise der Technologie sicherstellen, sondern auch die Gründe und Methoden hinter den getroffenen Entscheidungen verstehen. Das Vertrauen der Nutzerinnen und Nutzer fördert die Akzeptanz von KI-Systemen und schafft eine echte Synergie zwischen Mensch und Maschine. Gleichzeitig muss jedoch auch die Verantwortung als zentraler Punkt betrachtet werden. Der Mensch muss als Kontrollinstanz fungieren, da KI ohne moralisches und emotionales Verständnis agiert. Der Aufbau von Vertrauen stellt somit eine technische, soziale und ethische Herausforderung dar.

Chancen:

* Transparenz schafft Sicherheit: Die nachvollziehbare Erklärung, wie KI zu ihren Entscheidungen gelangt, reduziert Unsicherheiten und fördert das Verständnis. Dies führt zu einer höheren Bereitschaft, KI-Systeme aktiv zu nutzen.
* Erklärbare KI (Explainable AI): Die Fähigkeit von Modellen, ihre Entscheidungsfindung zu erläutern, ermöglicht es den Nutzern, Prozesse zu hinterfragen und ihre eigenen Entscheidungen besser abzustimmen.
* Klare Verantwortlichkeiten: Es muss klar definiert werden, wer für was verantwortlich ist. Die klare Zuordnung von Aufgaben zwischen Mensch und KI gewährleistet eine strukturierte Arbeitsweise und verhindert Missverständnisse. So bleibt der Mensch der zentrale Kontrollpunkt und kann die Stärken der KI sinnvoll ergänzen.
* Langfristige Akzeptanz: Vertrauen in KI-Systeme fördert die Akzeptanz bei Mitarbeitenden und Kunden und ist somit ein entscheidender Faktor für eine nachhaltige Integration in den Arbeitsalltag.

Es besteht die Möglichkeit, dass Bedenken seitens der Mitarbeitenden und Kunden entstehen.

- Die Intransparenz der Algorithmen ist ein wesentlicher Aspekt, der es zu berücksichtigen gilt. Black-Box-Modelle, deren Entscheidungen nicht nachvollziehbar sind, können zu Misstrauen führen und die Akzeptanz gefährden. Es besteht die Gefahr, dass Menschen Technologien, die sie nicht verstehen, mit Skepsis begegnen.
- Eine übermäßige Abhängigkeit von KI birgt das Risiko, dass kritische Kontrollmechanismen vernachlässigt werden. Dies kann dazu führen, dass Fehler oder Verzerrungen unerkannt bleiben.
- Es besteht das Risiko von Datenschutzverletzungen. Ein verantwortungsvoller Umgang mit Daten ist unerlässlich, um das Vertrauen der Nutzer zu gewinnen und zu bewahren. Eine unsachgemäße Datennutzung oder das Vorhandensein von Sicherheitslücken könnte das Vertrauen der Nutzer nachhaltig beeinträchtigen.
- Es fehlt an klaren Verantwortlichkeiten. Die Frage der Haftung für fehlerhafte KI-Entscheidungen ist bislang nicht eindeutig geregelt. Dies kann zu Unsicherheiten bei Nutzern und Unternehmen führen.

12.5 Menschliche Werte in der KI-gestützten Arbeitswelt bewahren

Die fortschreitende Integration von Künstlicher Intelligenz in Arbeitsprozesse birgt das Potenzial, Effizienz und Produktivität erheblich zu steigern. Gleichzeitig stellt sich jedoch die wichtige Frage, wie menschliche Werte in einer von Technologie geprägten Arbeitswelt bewahrt werden können. Werte wie Empathie, Ethik und kulturelle Sensibilität sind wesentliche Bestandteile menschlicher Interaktion und bilden die Grundlage für ein respektvolles und verantwortungsvolles Miteinander. Diese Werte dürfen nicht von automatisierten Prozessen verdrängt werden. Unternehmen müssen sich der Herausforderung stellen, Künstliche Intelligenz so einzusetzen, dass sie menschliche Fähigkeiten ergänzt und nicht ersetzt. Dazu zählt, sicherzustellen, dass technologische Entscheidungen im Einklang mit einem klaren ethischen Rahmen stehen und die Bedürfnisse der Menschen in den Mittelpunkt rücken. In einer von Daten und Algorithmen geprägten Welt bleibt der Mensch der entscheidende Faktor, um eine ausgewogene Balance zwischen Fortschritt und Werten zu gewährleisten.

Chancen:

- Förderung von Diversität und Inklusion: KI kann dazu beitragen, Vorurteile zu minimieren, indem sie Entscheidungen auf Daten und Algorithmen stützt, anstatt auf menschlichen Vorurteilen. Eine wesentliche Voraussetzung ist jedoch, dass die zugrunde liegenden Daten fair und ausgewogen sind.
- Stärkung ethischer Standards: Die Integration von Ethik-Frameworks in KI-Systeme ermöglicht es Unternehmen, die Einhaltung moralischer Grundsätze in ihren Prozessen sicherzustellen. KI kann dazu beitragen, potenzielle Risiken oder Diskriminierungen frühzeitig zu erkennen, um entsprechende Maßnahmen zeitnah einleiten zu können.
- Ergänzung menschlicher Fähigkeiten: KI kann administrative Aufgaben übernehmen, sodass Mitarbeitern mehr Zeit für zwischenmenschliche Interaktionen und kreative Tätigkeiten haben. Dies fördert Werte wie Empathie und Zusammenarbeit.
- Kulturelle Sensibilität durch Lokalisierung: KI ermöglicht die Berücksichtigung spezifischer Anpassungen, um kulturelle Unterschiede zu überwinden. Dadurch werden Unternehmen in die Lage versetzt, in globalen Märkten sensibel und respektvoll zu agieren.

Es bestehen Bedenken hinsichtlich:

- Der Verlust von Menschlichkeit ist eine weitere mögliche Konsequenz. Durch den Einsatz automatisierter Prozesse besteht das Risiko, dass Empathie und persönliche Beziehungen in der Arbeitswelt an Bedeutung verlieren. KI ist nicht in der Lage, Emotionen oder komplexe menschliche Dynamiken vollständig zu erfassen.
- Unbewusste Diskriminierung: KI-Systeme, die auf verzerrten Datensätzen basieren, können Vorurteile verstärken, statt sie zu reduzieren. Dies steht im Widerspruch zu den Grundsätzen der Gerechtigkeit und Chancengleichheit.
- Ethik als nachgelagerter Aspekt: In der Praxis besteht das Risiko, dass ethische Überlegungen erst nach der Entwicklung von KI-Systemen berücksichtigt werden. Dies kann zu Entscheidungen führen, die sich langfristig als nachteilig erweisen.

- Spannungen zwischen Effizienz und Werten: Unternehmen könnten in Versuchung geraten, Werte wie Empathie und kulturelle Sensibilität zugunsten schnellerer oder kostengünstigerer Prozesse zu vernachlässigen.

12.6 Intuitives Design: KI-Systeme, die sich an den Menschen anpassen

Die Akzeptanz und Nutzung von KI-Systemen hängt maßgeblich von ihrer nahtlosen Integration in den Alltag und die Arbeitswelt der Menschen ab. Intuitives Design stellt den Menschen in den Mittelpunkt und zielt darauf ab, die Interaktion mit KI so einfach und benutzerfreundlich wie möglich zu gestalten. Im Gegensatz zu herkömmlichen Ansätzen, bei denen Nutzer sich an die Funktionsweise der Technologie anpassen müssen, werden KI-Systeme so entwickelt, dass sie sich den Bedürfnissen, Fähigkeiten und Erwartungen des Nutzers anpassen. Dieses Prinzip fördert nicht nur die Effizienz, sondern auch das Vertrauen und die Zufriedenheit der Anwenderinnen und Anwender. Ein besonderes Augenmerk gilt dem intuitiven Design, da die Komplexität moderner Technologien für viele Menschen eine Barriere darstellt. Ein durchdachtes Design senkt die genannten Hürden und ermöglicht so eine breitere Nutzung von KI-Systemen, auch durch Menschen ohne technische Vorkenntnisse.

Die folgenden Punkte zeigen die Chancen auf:

- Ein benutzerzentriertes Design erleichtert die Interaktion mit KI-Systemen und reduziert die Hemmschwelle, neue Technologien zu nutzen. Dadurch wird die Benutzerakzeptanz erhöht. Eine intuitive Oberfläche sowie klare Anweisungen fördern das Vertrauen und die Zufriedenheit der Nutzer.
- Personalisierte Erlebnisse sind ein wesentlicher Bestandteil unseres Angebots. KI-Systeme, die sich an den individuellen Stil und die Vorlieben des Nutzers anpassen, bieten maßgeschneiderte Lösungen, die den Anforderungen jedes Einzelnen gerecht werden.
- Zeit- und Effizienzgewinn: Dank benutzerfreundlicher Designs lassen sich Aufgaben schneller und mit weniger Aufwand erledigen. Da weniger Schulungen und Eingewöhnungszeit erforderlich sind, können Nutzer die Systeme unmittelbar produktiv nutzen.

- Inklusivität: Intuitive KI-Systeme können so gestaltet werden, dass sie auch für Menschen mit unterschiedlichen Fähigkeiten, wie ältere oder technikunerfahrene Nutzer, zugänglich sind.

Es bestehen jedoch Bedenken hinsichtlich

- Die Entwicklung intuitiver Systeme ist technisch anspruchsvoll und erfordert erhebliche Ressourcen in Forschung und Design. Einfache Oberflächen müssen oft komplexe Prozesse im Hintergrund steuern.
- Eine mögliche Überanpassung liegt vor, wenn KI-Systeme zu stark auf Personalisierung setzen. Dies kann dazu führen, dass Nutzer bevormundet werden oder unvorhergesehene Entscheidungen getroffen werden, die nicht den gewünschten Ergebnissen entsprechen.
- Es bestehen Datenschutzrisiken. Um benutzerzentrierte Erlebnisse zu schaffen, ist es in vielen Fällen erforderlich, große Mengen an Nutzerdaten zu sammeln und zu analysieren. Dies birgt Risiken im Hinblick auf den Schutz der Privatsphäre sowie den verantwortungsvollen Umgang mit sensiblen Daten.
- Verlust der Kontrolle: Intuitive Systeme, die Entscheidungen für den Nutzer treffen, könnten das Gefühl der Kontrolle und Autonomie beeinträchtigen. Dies kann zu Misstrauen gegenüber der Technologie führen.

12.7 Der Mensch als Supervisor: Kontrolle und Verantwortung in einer KI-unterstützten Umgebung

Die fortschreitende Integration von KI in Arbeitsumgebungen hat nicht nur Auswirkungen auf die Art und Weise der Aufgabenerledigung, sondern auch auf die Rolle des Menschen. KI-Systeme können dazu beitragen, Routinearbeiten zu automatisieren und datenbasierte Entscheidungen zu unterstützen. Dennoch ist der Mensch als Supervisor unverzichtbar, da er die Kontrolle und Verantwortung übernimmt. Diese Rolle erfordert ein tiefes Verständnis der Funktionsweise von KI sowie die Fähigkeit, die Entscheidungen der KI kritisch zu hinterfragen und bei

Bedarf einzugreifen. Der Mensch bleibt die letzte Instanz, die ethische und strategische Aspekte berücksichtigt, die über die rein technischen Möglichkeiten hinausgehen.
Chancen:

• Qualitätskontrolle: Der Einsatz von menschlichem Personal als Supervisor stellt sicher, dass die von KI-Systemen getroffenen Entscheidungen den vorgegebenen Standards und Zielen entsprechen. Dadurch werden potenzielle Fehlentscheidungen, die durch unvollständige oder fehlerhafte Daten entstehen könnten, vermieden.
• Bei der Nutzung von KI-Systemen ist zu berücksichtigen, dass diese über keine moralischen Werte verfügen. Der menschliche Supervisor ist in der Lage, ethische Dilemmata zu bewerten und Entscheidungen zu treffen, die soziale und kulturelle Kontexte berücksichtigen.
• Der Mensch ist in der Lage, auf unvorhergesehene Situationen zu reagieren, die über die Programmierung der KI hinausgehen, und somit eine höhere Flexibilität zu gewährleisten. Darüber hinaus ist der Mensch in der Lage, kreative Lösungsansätze zu entwickeln.
• Risikomanagement: Die Überwachung von KI-Systemen durch den Menschen reduziert das Risiko von Fehlfunktionen oder Missbrauch und stärkt das Vertrauen in die Technologie.

Dennoch bestehen Bedenken hinsichtlich

• Eine weitere Herausforderung stellt die Überwachung komplexer KI-Systeme durch Supervisoren dar. Dies kann für Menschen eine erhebliche kognitive Belastung darstellen, insbesondere wenn keine hinreichende Schulung erfolgt ist oder die Systeme eine schlechte Gestaltung aufweisen.
• Die Abhängigkeit von KI birgt das Risiko einer schleichenden Erosion von Fachwissen und Entscheidungsfähigkeit, wenn der Mensch sich zu sehr auf die Fähigkeiten der KI verlässt.
• Verantwortungsdiffusion: In einer KI-unterstützten Umgebung kann es schwierig sein, klar zu definieren, wer die Verantwortung für Fehler oder Fehlentscheidungen trägt – der Mensch, der das System überwacht, oder die Entwickler der KI.

- Mangelnde Transparenz: Viele KI-Systeme arbeiten als sogenannte „Black Boxes", was es für Supervisoren erschwert, ihre Funktionsweise und Entscheidungen vollständig nachzuvollziehen.

12.8 KI-Mindset im Leadership: Führung in einer hybriden Welt

Die fortschreitende Verschmelzung von Mensch und KI im Arbeitsumfeld stellt Führungskräfte vor neue Herausforderungen. In einer hybriden Welt, in der Menschen und KI-Systeme eng zusammenarbeiten, wird ein KI-Mindset zu einer entscheidenden Führungsqualität. Führungskräfte müssen technologische Entwicklungen nicht nur verstehen, sondern auch eine Kultur fördern, die Offenheit, Innovation und Anpassungsfähigkeit unterstützt. Ein KI-Mindset bedeutet, Technologie als Werkzeug für Wachstum zu betrachten, Potenziale zu erkennen und dabei den menschlichen Faktor in den Mittelpunkt zu stellen.

Die folgenden Punkte zeigen die Chancen auf:

- Unterstützung bei der Entscheidungsfindung mit größtmöglicher Effektivität: Führungskräfte können KI nutzen, um datenbasierte Einblicke zu gewinnen, die eine Verbesserung von strategischen und operativen Entscheidungen ermöglichen. KI liefert Analysen und Vorhersagen, die dazu beitragen, komplexe Sachverhalte besser verständlich zu machen.
- Personalisierte Mitarbeiterentwicklung: Der Einsatz von KI-Tools ermöglicht Führungskräften eine Analyse individueller Stärken und Schwächen ihrer Teammitglieder sowie die Erstellung gezielter Entwicklungspläne.
- Förderung einer innovativen Unternehmenskultur: Ein KI-Mindset inspiriert Teams dazu, neue Technologien zu adaptieren, kreative Lösungen zu finden und proaktiv Veränderungen zu gestalten.
- Eine optimierte Ressourcennutzung ist ebenfalls realisierbar. KI kann dazu beitragen, Routineaufgaben zu automatisieren, wodurch Führungskräfte und Teams mehr Zeit für strategische und wertschöpfende Aktivitäten gewinnen.

Dennoch werden folgende Bedenken geäußert:

- Eine weitere Herausforderung stellt die Technologieüberforderung dar. Nicht alle Führungskräfte verfügen über das technische Wissen, um KI effektiv zu nutzen. Dies kann zu Unsicherheiten oder Widerständen führen.
- Eine zu starke Fokussierung auf KI kann dazu führen, dass emotionale Intelligenz und zwischenmenschliche Fähigkeiten in der Führung vernachlässigt werden.
- Die ungleiche Verteilung von KI-Tools und Nutzungsfähigkeiten innerhalb von Teams kann zu einer Verstärkung bestehender Ungleichheiten zwischen Teammitgliedern führen, insbesondere wenn nicht alle gleichermaßen geschult werden.
- Ethische Fragestellungen: Führungskräfte sind dafür verantwortlich, die ethischen Implikationen von KI-Entscheidungen zu bewerten und sicherzustellen, dass diese mit den Werten des Unternehmens übereinstimmen.

12.9 Kollaborative Intelligenz: Teams aus Mensch und KI für Innovation

Die Idee der kollaborativen Intelligenz beschreibt die produktive Zusammenarbeit von Menschen und KI. Die individuellen Stärken beider Parteien werden dabei genutzt, um Innovationen voranzutreiben. In einer Arbeitswelt, die zunehmend von KI durchdrungen wird, können hybride Teams aus Mensch und Maschine kreativer, effektiver und schneller Lösungen entwickeln. Eine solche Symbiose erfordert jedoch ein tiefes Verständnis für die jeweiligen Rollen und Fähigkeiten sowie eine gezielte Gestaltung der Interaktionen.

Die Möglichkeiten, die sich aus dieser Symbiose ergeben, sind vielfältig.

- Die Förderung der Kreativität stellt einen wesentlichen Aspekt dar. KI ist in der Lage, Ideen und Lösungsansätze zu generieren, die menschliche Teams bei der Entwicklung neuer Perspektiven unterstützen. Die Verbindung von algorithmischer Präzision und menschlicher Intuition führt zu innovativen Konzepten.

- Die Effizienz wird gesteigert, indem KI datenintensive Aufgaben wie Marktanalysen, Prognosen oder Optimierungen beschleunigt. Dadurch wird es den menschlichen Teammitgliedern ermöglicht, sich auf strategische und kreative Prozesse zu konzentrieren.
- Dies führt zu besseren Entscheidungen. Hybride Teams nutzen die Stärken von KI für datengetriebene Analysen und kombinieren sie mit menschlichem Urteilsvermögen, um auf dieser Grundlage fundierte und ganzheitliche Entscheidungen zu treffen.
- Dank KI ist eine skalierbare Zusammenarbeit möglich. Die Teamgröße sowie die Aufgabenverteilung können dadurch flexibel angepasst werden. Bei Bedarf werden zusätzliche Kapazitäten bereitgestellt und repetitive Aufgaben übernommen.
- Die Beschleunigung von Innovationsprozessen stellt einen wesentlichen Faktor in der Unternehmensentwicklung dar. Die Fähigkeit der KI, Muster und Trends in großen Datenmengen zu erkennen, ermöglicht es Unternehmen, schneller auf Marktveränderungen zu reagieren und neue Produkte oder Dienstleistungen zu entwickeln.

Allerdings werden auch Bedenken geäußert.

- Die enge Zusammenarbeit mit KI birgt das Risiko, dass Menschen sich zu stark auf maschinelle Lösungen verlassen und ihre eigene kreative oder kritische Denkfähigkeit vernachlässigen.
- Technologische Abhängigkeit: Eine übermäßige Integration von KI in Teamprozesse birgt das Risiko, dass das gesamte Team anfällig für Systemausfälle oder Datenfehler wird.
- Ethische Konflikte: Entscheidungen, die auf KI-Analysen basieren, könnten Fragen der Fairness oder kulturellen Sensibilität aufwerfen, sofern die zugrunde liegenden Algorithmen nicht diversitätsorientiert gestaltet sind.
- Die Koordination solcher Teams ist aufgrund der Komplexität eine Herausforderung. Um die Zusammenarbeit effizient und konfliktfrei zu gestalten, sind neue Kompetenzen im Management von hybriden Teams aus Mensch und KI erforderlich.
- Es ist zu beobachten, dass nicht alle Teammitglieder gleichermaßen bereit sind, KI in ihre Arbeit zu integrieren. Dies kann zu Spannungen und Frustrationen führen.

12.10 Grenzen und Potenziale der Mensch-Maschine-Interaktion

Die Interaktion zwischen Mensch und Maschine spielt in der modernen Arbeitswelt eine zentrale Rolle und wird zunehmend durch den Einsatz von Künstlicher Intelligenz geprägt. Bei einer langfristigen Zusammenarbeit zwischen Mensch und Technologie sind jedoch auch psychologische, kulturelle und technologische Fragen zu berücksichtigen, da KI in vielen Bereichen enorme Potenziale freisetzt. Diese Aspekte müssen einerseits verstanden und andererseits aktiv gestaltet werden, um eine nachhaltige und produktive Symbiose zu schaffen, die den Unternehmenserfolg sichert.

Chancen:

- Erweiterte Fähigkeiten: Die Leistungsfähigkeit des Menschen kann durch den Einsatz künstlicher Intelligenz in Form von Automatisierung, Datenanalyse und Entscheidungsunterstützung signifikant erweitert werden. Dadurch sind Menschen in der Lage, komplexere Aufgaben zu bewältigen und innovative Lösungen zu entwickeln.
- Inklusion und Barrierefreiheit: KI kann dazu beitragen, Barrieren zu überwinden, beispielsweise durch assistive Technologien für Menschen mit Behinderungen, und so die Arbeitswelt inklusiver gestalten.
- Neue Formen der Zusammenarbeit: Die Interaktion mit Maschinen eröffnet neue Wege der Kollaboration, bei denen Maschinen repetitive Aufgaben übernehmen und Menschen sich auf kreative, strategische oder zwischenmenschliche Tätigkeiten konzentrieren können.
- Personalisierung: KI ermöglicht die Bereitstellung maßgeschneiderter Erlebnisse und Lösungen, indem sie individuelle Bedürfnisse und Präferenzen analysiert und berücksichtigt, etwa in der Weiterbildung oder in der Produktentwicklung.
- Kulturelle Synergien: Die globale Verfügbarkeit von KI-Systemen ermöglicht es, kulturelle Unterschiede zu überwinden, indem sie in internationalen Teams als neutraler Vermittler agiert.

Es bestehen jedoch Bedenken hinsichtlich:

- Die fortschreitende Interaktion mit Maschinen kann bei Menschen Unsicherheiten, Stress oder sogar Entfremdung auslösen, was als psychologische Belastung bezeichnet wird. Das Vertrauen in KI-Systeme ist oft fragil und wird durch mangelnde Erklärbarkeit beeinträchtigt.
- Verlust sozialer Dynamik: Die Übernahme von Aufgaben, die zuvor menschliche Interaktion erforderten, durch Maschinen könnte zu einer Verringerung sozialer Bindungen und Teamdynamiken führen.
- Technologische Abhängigkeit: Eine zunehmende Abhängigkeit von KI-Systemen birgt das Risiko von Kontrollverlusten, insbesondere wenn diese Technologien nicht umfassend verstanden oder nicht zuverlässig sind.
- Ethik und Verantwortung: Die Frage der Verantwortlichkeit bei Fehlentscheidungen oder unvorhergesehenen Konsequenzen bleibt ein komplexes Thema in der Mensch-Maschine-Interaktion.
- Kulturelle Spannungen sind ebenfalls zu berücksichtigen. KI-Systeme, die auf spezifischen kulturellen oder sozialen Normen basieren, können in globalen Kontexten zu Missverständnissen oder Konflikten führen.

12.11 Kulturelle Unterschiede im Umgang mit KI

Die Wahrnehmung und Nutzung von KI-Technologien durch Menschen wird in hohem Maße von kulturellen Werten und Einstellungen geprägt. Diese Unterschiede wirken sich nicht nur auf die Akzeptanz und Integration von KI in verschiedenen Ländern und Organisationen aus, sondern auch auf die Effektivität und Nachhaltigkeit der Mensch-Maschine-Interaktion. Nur mit dem Verständnis dieser kulturellen Variationen kann KI global erfolgreich eingesetzt und ein harmonisches Zusammenspiel zwischen Mensch und Technologie gefördert werden.
Chancen:

- Anpassungsfähige Technologien: KI-Systeme können kulturelle Besonderheiten berücksichtigen, indem sie Algorithmen und Benutzeroberflächen an lokale Kontexte anpassen. Dies führt zu einer höheren Akzeptanz und Effizienz der Technologien.

- Globale Zusammenarbeit: KI kann als Brücke zwischen unterschiedlichen Kulturen dienen, indem sie Sprachbarrieren überwindet und kulturelle Unterschiede bei Entscheidungsfindungen oder Verhandlungen berücksichtigt.
- Förderung von Diversität: Kulturelle Unterschiede im Umgang mit KI können Innovationen vorantreiben, da sie neue Perspektiven und Lösungsansätze eröffnen. Unternehmen, die auf kulturelle Vielfalt setzen, profitieren von einer breiteren Palette an Ideen und Strategien, was sich positiv auf ihren Erfolg auswirkt.
- Die Bewahrung kultureller Identität stellt ein weiteres wichtiges Einsatzgebiet für KI dar. KI kann zur Erhaltung von Traditionen und Sprachen beitragen, indem sie beispielsweise historische Texte digitalisiert oder gefährdete Sprachen analysiert und dokumentiert.

Bedenken:

- Bei der Entwicklung von Algorithmen ist darauf zu achten, dass keine Verzerrung (Bias) stattfindet. Kulturelle Vorurteile und Ungleichheiten können unbeabsichtigt in KI-Systeme eingebaut werden, was zu Diskriminierung und Fehleinschätzungen führt. Daher sind bei einem globalen Einsatz von KI sorgfältige Tests und Anpassungen erforderlich.
- Eine ungleichmäßige Akzeptanz kann zu einer Verlangsamung des technologischen Fortschritts führen, insbesondere in Kulturen mit einer höheren Skepsis gegenüber neuen Technologien.
- Verlust kultureller Autonomie: Die globale Verbreitung standardisierter KI-Systeme birgt das Risiko, dass kulturelle Besonderheiten vernachlässigt werden und lokale Identitäten verloren gehen.
- Es besteht das Risiko von kulturellen Spannungen. Unterschiedliche Erwartungen und Werte im Umgang mit KI können zu Missverständnissen oder Konflikten führen, insbesondere in internationalen Organisationen oder Projekten.

12.12 KI-Mindset in der Gesellschaft: Bildung und Aufklärung für eine KI-gestützte Zukunft

Die Integration von Künstlicher Intelligenz in nahezu alle Lebensbereiche macht es unerlässlich, ein grundlegendes Verständnis für diese Technologie in der Gesellschaft zu etablieren. Bildung und Aufklärung fördern die Zusammenarbeit zwischen Mensch und Maschine auf breiter Ebene und machen sowohl Chancen als auch Herausforderungen bewusst. Ein „KI-Mindset" in der Gesellschaft umfasst Offenheit, Neugier und ein kritisches Verständnis. Damit lässt sich KI als Werkzeug für Fortschritt und Innovation nutzen.

Die folgenden Punkte zeigen die Chancen auf:

* Inklusiver Zugang zu KI-Wissen: Bildungsinitiativen stellen sicher, dass Menschen aus allen gesellschaftlichen Schichten Zugang zu KI-Kenntnissen erhalten. Dies fördert die Chancengleichheit und befähigt mehr Menschen, aktiv an der technologischen Entwicklung teilzuhaben.
* Förderung der Innovationskraft: Ein KI-bewusstes Mindset kann die Kreativität und Innovationskraft der Gesellschaft stärken. Personen, die die Potenziale von KI erkennen, sind in der Lage, neue Anwendungen zu entwickeln und bestehende Prozesse zu optimieren.
* Verbesserung der Lebensqualität: Durch Aufklärung können die Vorteile von KI – wie personalisierte Gesundheitsversorgung, bessere Bildungstools und effizientere Arbeitsmethoden – leichter erkannt und genutzt werden.
* Demokratische Partizipation: Ein breites KI-Verständnis ermöglicht es der Gesellschaft, fundierte Entscheidungen über den Einsatz und die Regulierung von KI zu treffen und so aktiv an politischen und ethischen Diskussionen teilzunehmen.
* Abbau von Vorurteilen: Eine sachliche Aufklärung über KI ist hilfreich, um Mythen und Ängste abzubauen, die oft durch Unwissenheit entstehen. Eine informierte Gesellschaft wird neuen Technologien gegenüber aufgeschlossener sein.

Es bestehen Bedenken hinsichtlich:

- Es besteht die Herausforderung, dass in vielen Regionen die grundlegenden Kenntnisse über KI nicht vermittelt werden können, da die Infrastruktur und Ressourcen dafür fehlen. Dies kann zu einer digitalen Spaltung führen, bei der nur bestimmte Teile der Gesellschaft von KI profitieren.
- Die Gefahr von Fehlinformationen besteht. Ohne klare, fundierte Bildungsansätze könnten Missverständnisse über die Fähigkeiten und Grenzen von KI weiter verbreitet werden. Dies schürt Ängste und behindert die Akzeptanz.
- Die technische Komplexität von KI kann bei vielen Menschen zu einer Überforderung führen, was die Integration in den Alltag erschwert.
- Ein weiteres Risiko stellt der Missbrauch von KI-Wissen dar. Ein besseres Verständnis von KI könnte auch dazu führen, dass diese Technologien von Einzelpersonen oder Gruppen für schädliche Zwecke missbraucht werden, beispielsweise in Form von Cyberangriffen oder Desinformationskampagnen.

13

Die Zukunft gestalten: Unternehmerische Verantwortung im KI-Zeitalter

Gestaltungsräume der Zukunft: Gesellschaft, Technologie und Arbeitswelt im KI-Zeitalter

13.1 Trends und Prognosen für die Integration von KI

Die Integration von Künstlicher Intelligenz in die Arbeitswelt hat in den letzten Jahren eine rasante Entwicklung durchlaufen und wird auch in Zukunft eine Schlüsselrolle in Unternehmen spielen. In diesem Abschnitt werfen wir einen Blick auf aktuelle Trends und Prognosen für die Integration von KI in verschiedenen Unternehmensbereichen.

Ein bedeutender Trend, der sich abzeichnet, ist die verstärkte Nutzung von KI in der Geschäftswelt zur Automatisierung von Prozessen. Unternehmen erkennen zunehmend die Vorteile von KI-Technologien, um repetitive Aufgaben effizienter zu gestalten und Ressourcen zu optimieren. Durch den Einsatz von KI-Tools können Unternehmer Zeit und Kosten sparen und gleichzeitig die Qualität ihrer Produkte und Dienstleistungen verbessern.

Technologie allein verändert nicht die Welt – es sind die Menschen, die sie nutzen.

© Der/die Autor(en), exklusiv lizenziert an Springer Fachmedien Wiesbaden GmbH, ein Teil von Springer Nature 2025
M. Peukert, *KI-Mindset entwickeln*, https://doi.org/10.1007/978-3-658-47902-2_13

Ein weiterer wichtiger Aspekt ist die Integration von KI in die Unternehmenskommunikation. Chatbots und Spracherkennungssysteme werden immer häufiger eingesetzt, um den Kundenservice zu verbessern und die Interaktion mit Kunden zu personalisieren. Unternehmen, die frühzeitig auf KI-gestützte Kommunikationslösungen setzen, können sich einen Wettbewerbsvorteil verschaffen und die Kundenzufriedenheit steigern.

Auch im Bereich der Automationen sind zukünftig spannende Entwicklungen zu erwarten. KI-basierte Systeme werden immer intelligenter und können komplexe Aufgaben eigenständig ausführen. Dies eröffnet Unternehmen neue Möglichkeiten, ihre Produktionsprozesse zu optimieren und innovative Lösungen zu entwickeln. Die Automatisierung mit KI wird in Zukunft eine wesentliche Rolle spielen, um Unternehmensabläufe effizienter zu gestalten.

Neben den technologischen Aspekten spielt auch die Mitarbeiterführung eine entscheidende Rolle bei der Integration von KI. Unternehmen müssen sicherstellen, dass ihre Mitarbeiter die neuen Technologien verstehen und effektiv damit arbeiten können. Schulungen und Weiterbildungsmaßnahmen sind daher unerlässlich, um die Akzeptanz von KI im Unternehmen zu fördern und die Mitarbeiter auf die Veränderungen vorzubereiten. Eine offene Kommunikation und transparente Informationspolitik sind dabei entscheidend, um Ängste und Vorbehalte abzubauen.

Insgesamt bieten die aktuellen Trends und Prognosen für die Integration von KI in Unternehmen vielfältige Chancen und Herausforderungen. Unternehmen, die frühzeitig auf KI setzen und ihre Strategien entsprechend anpassen, können von den Vorteilen der Technologie profitieren und ihre Wettbewerbsfähigkeit stärken. Es gilt, die Potenziale von KI voll auszuschöpfen und sie gezielt in verschiedenen Unternehmensbereichen einzusetzen, um langfristigen Erfolg zu sichern.

13.2 Die Rolle des Unternehmers im Zeitalter der Automation

Im modernen Geschäftsleben spielt die Automation eine immer größere Rolle, insbesondere durch den Einsatz von Künstlicher Intelligenz. Unternehmen, die sich auf diesem Gebiet weiterentwickeln möchten, müssen verstehen, welche Rolle der Unternehmer in diesem Zeitalter der Automation einnimmt. Der Unternehmer fungiert nicht mehr nur als Entscheidungsträger, sondern auch als Visionär, der die Chancen und Herausforderungen der Automatisierung erkennt und strategisch nutzt.

Eine der wichtigsten Aufgaben des Unternehmers im Zeitalter der Automation ist es, die richtige Balance zwischen menschlicher Arbeitskraft und technologischer Effizienz zu finden. Es gilt, Automationen so zu gestalten, dass sie die Mitarbeiter unterstützen und entlasten, anstatt sie zu ersetzen. Durch eine intelligente Integration von KI-Technologien können Prozesse optimiert und die Produktivität gesteigert werden, während gleichzeitig die menschliche Expertise und Kreativität gewahrt bleiben.

Darüber hinaus spielt die Unternehmenskommunikation eine entscheidende Rolle für den Erfolg von Automationen. Der Unternehmer muss in der Lage sein, die Vorteile der Automatisierung verständlich und transparent zu kommunizieren, sowohl intern gegenüber den Mitarbeitern als auch extern gegenüber Kunden und Partnern. Eine offene und ehrliche Kommunikation schafft Vertrauen und Akzeptanz für Veränderungen, die durch Automationen im Unternehmen entstehen.

In Bezug auf die Mitarbeiterführung erfordert das Zeitalter der Automation ein Umdenken seitens des Unternehmers. Es gilt, die Mitarbeiter aktiv in den Prozess der Automatisierung einzubinden, ihre Kompetenzen weiterzuentwickeln und sie auf die Veränderungen vorzubereiten. Indem der Unternehmer ein Umfeld schafft, in dem Innovation und lebenslanges Lernen gefördert werden, können die Mitarbeiter zu wertvollen Mitgestaltern der digitalen Transformation werden.

Zusammenfassend lässt sich sagen, dass die Rolle des Unternehmers im Zeitalter der Automation von entscheidender Bedeutung ist. Durch eine strategische und ganzheitliche Herangehensweise kann der Unternehmer die Chancen der Automatisierung nutzen, um die Effizienz und Wettbewerbsfähigkeit seines Unternehmens zu steigern. Indem er die richtige Balance zwischen Mensch und Technologie findet, eine transparente Kommunikation pflegt und seine Mitarbeiter aktiv einbezieht, kann der Unternehmer den Weg zur Effizienz und Innovation erfolgreich beschreiten.

13.3 Nachhaltigkeit und KI: Umweltfreundliche Technologien

In einer Zeit, in der die Klimakrise eine der größten Herausforderungen darstellt, können Unternehmen mithilfe von KI einen wichtigen Beitrag zur Nachhaltigkeit leisten. Technologien wie maschinelles Lernen und Datenanalyse eröffnen neue Möglichkeiten, um Ressourcen effizienter zu nutzen und den ökologischen Fußabdruck zu reduzieren. Nachhaltigkeit wird nicht nur zu einem Wettbewerbsvorteil, sondern auch zu einer moralischen Verpflichtung.

13.3.1 Energieeffizienz steigern

Einer der größten Hebel von KI liegt in der Optimierung des Energieverbrauchs. Intelligente Steuerungssysteme analysieren in Echtzeit den Energiebedarf und passen diesen dynamisch an. So können beispielsweise Gebäude durch Smart-Grid-Technologien den Energieverbrauch optimieren, indem sie überschüssigen Strom speichern oder direkt ins Netz einspeisen. Unternehmen, die solche Technologien einsetzen, sparen nicht nur Kosten, sondern leisten einen Beitrag zur Energiewende.

13.3.2 Abfall reduzieren

Ein weiteres Anwendungsfeld ist die Abfallvermeidung. KI-gestützte Logistiksysteme helfen, Überproduktionen zu vermeiden, indem sie präzisere Prognosen für die Nachfrage treffen. In der Fertigungsindustrie können KI-Modelle Fehler in der Produktion frühzeitig erkennen und Ausschuss reduzieren. Dies spart nicht nur Ressourcen, sondern minimiert auch die Umweltbelastung.

13.3.3 Nachhaltige Produktentwicklung

Unternehmen können KI nutzen, um umweltfreundlichere Produkte zu entwickeln. Durch Simulationen können etwa Materialien getestet werden, bevor sie tatsächlich hergestellt werden. Dies reduziert den Ressourcenverbrauch erheblich. Einige Unternehmen setzen bereits KI ein, um neue, nachhaltige Rohstoffe zu identifizieren und so den Einsatz umweltschädlicher Materialien zu verringern.

13.4 KI und gesellschaftlicher Wandel: Wie Unternehmen Verantwortung übernehmen können

Der technologische Fortschritt durch KI verändert nicht nur Geschäftsmodelle, sondern auch die Gesellschaft. Unternehmen spielen eine entscheidende Rolle, um diesen Wandel positiv zu gestalten. Durch den verantwortungsvollen Einsatz von KI können sie soziale Ungleichheiten abbauen, Bildungswege verbessern und Inklusion fördern.

13.4.1 Bildung und Weiterbildung

KI ermöglicht personalisierte Lernmethoden, die sich an die Bedürfnisse des Einzelnen anpassen. Unternehmen können diese Technologien nutzen, um ihren Mitarbeitern maßgeschneiderte Weiterbildungsprogramme anzubieten. Darüber hinaus können sie Bildungsinitiativen unterstützen, die Menschen in benachteiligten Regionen Zugang zu Wissen und Qualifikationen verschaffen.

13.4.2 Förderung von Diversität und Inklusion

Unternehmen tragen die Verantwortung, ihre KI-Systeme so zu gestalten, dass sie Diskriminierung vermeiden. Diversitätsrichtlinien und ethische Standards helfen, Algorithmen zu trainieren, die fair und inklusiv sind. Durch den gezielten Einsatz von KI können Barrieren abgebaut und Chancengleichheit gefördert werden.

13.4.3 Anpassung an den Arbeitsmarkt

Die Automatisierung durch KI verändert die Anforderungen an die Belegschaft. Unternehmen können ihre Verantwortung wahrnehmen, indem sie rechtzeitig Umschulungen und Qualifikationsmaßnahmen anbieten. Dies hilft Mitarbeitern, sich auf neue Rollen vorzubereiten, anstatt durch den technologischen Wandel zurückgelassen zu werden.

13.5 Der Unternehmer als Vorreiter in einer KI-getriebenen Welt

Die Einführung von KI stellt Unternehmer vor die Herausforderung, nicht nur die Technologie zu beherrschen, sondern auch Verantwortung für ihre Auswirkungen zu übernehmen. Unternehmer, die sich dieser Aufgabe stellen, werden zu Vorreitern einer neuen Ära, in der technologische Innovation und ethische Grundsätze Hand in Hand gehen.

13.5.1 Vorreiterrolle einnehmen

Unternehmer, die frühzeitig auf KI setzen, können die Standards und Trends ihrer Branche mitgestalten. Dies erfordert Mut und eine klare Vision, wie KI nicht nur den eigenen Erfolg, sondern auch den Fortschritt der Gesellschaft vorantreiben kann.

13.5.2 Ethische Standards setzen

Die Verantwortung für den Einsatz von KI liegt nicht allein bei Regulierungsbehörden. Unternehmer müssen sicherstellen, dass ihre KI-Systeme transparent, nachvollziehbar und fair sind. Dies stärkt nicht nur das Vertrauen der Kunden, sondern auch das der eigenen Mitarbeiter.

13.5.3 Kooperation und Netzwerke fördern

Eine nachhaltige Entwicklung erfordert Zusammenarbeit. Unternehmer können durch Partnerschaften mit Forschungseinrichtungen, Start-ups und Regierungen Innovationen vorantreiben und sicherstellen, dass KI verantwortungsvoll genutzt wird. Diese Zusammenarbeit schafft nicht nur Wettbewerbsvorteile, sondern fördert auch den gesellschaftlichen Fortschritt.

Ein mittelständisches Unternehmen zeigt, wie diese Prinzipien in der Praxis aussehen: Es dokumentiert öffentlich seine KI-Projekte, teilt Erkenntnisse mit der Branche und lädt Kunden sowie die Öffentlichkeit zu Diskussionen ein. Dadurch positioniert es sich nicht nur als Innovator, sondern auch als vertrauenswürdiger Akteur in einer zunehmend technologiegetriebenen Welt.

13.6 Zukunftsvisionen: KI und die nächste Generation von Technologien

Die rasante Entwicklung Künstlicher Intelligenz in Verbindung mit zukunftsweisenden Technologien wie Quantencomputing, autonomen Systemen und den Fortschritten in der Raumfahrt bietet beispiellose Möglichkeiten. Gleichzeitig gibt es jedoch berechtigte Bedenken, die berücksichtigt werden müssen, um diese Technologien verantwortungsvoll und nachhaltig einzusetzen.

13.6.1 KI und Quantencomputing: Wie diese Technologien gemeinsam die Grenzen der Problemlösung sprengen könnten

Chancen
Die Kombination von KI und Quantencomputing eröffnet neue Horizonte für die Lösung hochkomplexer Probleme. Quantencomputer können enorme Datenmengen in kürzester Zeit verarbeiten, während KI-Systeme Muster erkennen und Entscheidungen treffen. Beispiele:

- Medizinische Durchbrüche: Simulation komplexer Molekülstrukturen, um neue Medikamente schneller zu entwickeln.
- Klimawandel: Exakte Vorhersagen und Modelle zur Bekämpfung von Umweltveränderungen.
- Optimierung von Prozessen: Von der Finanzwelt bis zur Logistik könnten Prozesse effizienter gestaltet werden.

Bedenken

- Datensicherheit: Quantencomputer könnten Verschlüsselungsmechanismen knacken, die bisher als sicher galten. Dies könnte die Cyber-Sicherheit erheblich gefährden.
- Hohe Kosten: Die Entwicklung und Nutzung von Quantencomputern ist extrem teuer und derzeit nur für wenige Unternehmen und Staaten zugänglich, was soziale und wirtschaftliche Ungleichheiten vertiefen könnte.
- Fehlende Standards: Die Regulierung und ethische Nutzung dieser Technologien sind bisher nicht ausreichend definiert.
- KI und Quantencomputing: Wie diese Technologien gemeinsam die Grenzen der Problemlösung sprengen könnten.

13.6.2 Autonome Systeme: Von selbstfahrenden Autos bis hin zu vollständig automatisierten Produktionsstätten

Chancen

- Autonome Systeme revolutionieren die Mobilität und die Produktion: Selbstfahrende Autos können Verkehrsunfälle reduzieren, den Energieverbrauch optimieren und den Pendelverkehr effizienter gestalten.

  Automatisierte Produktionsstätten steigern die Effizienz, senken Kosten und erhöhen die Präzision. Predictive Maintenance verhindert Ausfälle, und smarte Roboter können sich an unterschiedliche Anforderungen anpassen.

Bedenken

* Arbeitsplatzverlust: Automatisierung könnte Arbeitsplätze gefährden, insbesondere in Bereichen wie Logistik und Produktion. Unternehmen müssen sich fragen, wie sie den Übergang sozialverträglich gestalten können.
* Technologische Abhängigkeit: Je mehr Aufgaben autonome Systeme übernehmen, desto größer wird die Abhängigkeit von Technologie. Systemausfälle könnten schwerwiegende Konsequenzen haben.
* Rechtliche und ethische Fragen: Wer haftet, wenn ein autonomes Fahrzeug einen Unfall verursacht? Und wie gehen Unternehmen mit der Macht um, die durch datengetriebene Automatisierung entsteht?

13.6.3 KI in der Raumfahrt: Anwendungen in der Weltraumforschung und deren wirtschaftliches Potenzial

Chancen

Die Raumfahrt profitiert enorm von KI:

* Erkundung und Forschung: KI-gestützte Systeme, wie die Mars-Rover, ermöglichen es, ferne Planeten effizient zu untersuchen und wertvolle Daten zu sammeln.
* Ressourcennutzung im All: Durch die Analyse von Asteroiden und anderen Himmelskörpern könnten Rohstoffe wie Metalle erschlossen werden.
* Kommerzialisierung der Raumfahrt: Start-ups und private Unternehmen nutzen KI, um Kosten zu senken, wie etwa bei der Optimierung von Flugbahnen und Treibstoffverbrauch.

Bedenken

* Weltraum-Müll: Der zunehmende Einsatz von Satelliten und anderen Technologien führt zu einer steigenden Menge an Weltraummüll, der zukünftige Missionen gefährden könnte.
* Militarisierung: KI könnte in der Raumfahrt für militärische Zwecke genutzt werden, was geopolitische Spannungen erhöhen könnte.

• Ungleichheit im Zugang: Die Raumfahrt bleibt für viele Länder und Unternehmen unerschwinglich, wodurch die Kluft zwischen reichen und armen Nationen weiter vertieft wird.

Die nächste Generation von Technologien bietet beeindruckende Möglichkeiten, die Welt zu transformieren – von der Lösung komplexer Probleme über die Automatisierung des Alltags bis hin zur Erkundung neuer Welten. Gleichzeitig gibt es erhebliche Herausforderungen, die von ethischen Überlegungen über soziale Konsequenzen bis hin zu Fragen der Sicherheit reichen. Unternehmen, Regierungen und Gesellschaften müssen sich diesen Herausforderungen stellen und sicherstellen, dass der Fortschritt nicht nur innovativ, sondern auch verantwortungsvoll gestaltet wird.

Ein ausgewogenes Verhältnis zwischen Fortschritt und Vorsicht wird entscheidend sein, um die Vorteile dieser Technologien voll auszuschöpfen, ohne die Risiken zu übersehen. Nur so kann eine Zukunft entstehen, die sowohl technologisch als auch sozial nachhaltig ist.

13.7 Mensch-Maschine-Interaktion in der Zukunft

Die Interaktion zwischen Mensch und Maschine entwickelt sich rasant weiter. Von tragbaren Technologien über intelligente virtuelle Assistenten bis hin zu Neurotechnologien, die direkt mit dem Gehirn kommunizieren, eröffnen sich neue Möglichkeiten, wie KI unser Leben verbessern und revolutionieren kann. Diese Entwicklungen bergen sowohl faszinierende Chancen als auch potenzielle Risiken.

13.7.1 Die Verschmelzung von KI und Wearables: Wie tragbare Geräte die Effizienz und das Wohlbefinden steigern könnten

Chancen

Wearables, wie Smartwatches, Fitness-Tracker oder AR-Brillen, werden zunehmend durch KI erweitert. Diese Geräte sammeln Daten, analysieren sie in Echtzeit und bieten personalisierte Einblicke, um die Effizienz und das Wohlbefinden der Nutzer zu steigern. Beispiele:

- Gesundheitsüberwachung: Wearables können durch KI Herzfrequenz, Schlafmuster und Blutdruck analysieren, um Gesundheitsprobleme frühzeitig zu erkennen und Empfehlungen zur Verbesserung des Wohlbefindens zu geben.
- Produktivitätssteigerung: KI-gesteuerte Geräte helfen bei der Organisation des Alltags, wie etwa durch Zeitmanagement-Apps, die Prioritäten basierend auf Gewohnheiten und Deadlines vorschlagen.
- Erweiterte Realität: AR-Brillen, kombiniert mit KI, könnten in der Arbeitswelt Informationen in Echtzeit bereitstellen, z. B. Baupläne für Ingenieure oder medizinische Daten für Chirurgen.

Bedenken
- Datenschutz: Die Verarbeitung sensibler persönlicher Daten birgt Risiken. Ohne klare Datenschutzrichtlinien könnten diese Daten missbraucht werden.
- Technologische Abhängigkeit: Die verstärkte Nutzung von Wearables könnte dazu führen, dass Menschen sich zu sehr auf Technologie verlassen und eigene Fähigkeiten vernachlässigen.
- Kosten und Zugang: Hochentwickelte Wearables sind oft teuer und für viele Menschen nicht erschwinglich, was soziale Ungleichheiten verstärken kann.

13.7.2 Virtuelle Assistenten der nächsten Generation: noch persönlicher, intelligenter und interaktiver

Chancen
Virtuelle Assistenten wie Siri, Alexa und ChatGPT werden immer intelligenter und persönlicher. Die nächste Generation dieser Assistenten wird in der Lage sein, tiefer auf die Bedürfnisse der Nutzer einzugehen und in Echtzeit relevante Lösungen anzubieten:

- Intuitive Kommunikation: Durch natürliche Sprachverarbeitung und tiefes Lernen können virtuelle Assistenten Unterhaltungen führen, die kaum von menschlichen Dialogen zu unterscheiden sind.
- Proaktive Unterstützung: KI-Assistenten könnten proaktiv Vorschläge machen, wie etwa Reisepläne optimieren oder auf gesundheitliche Bedenken aufmerksam machen.
- Integration in alle Lebensbereiche: Smarte Assistenten könnten nahtlos in Haushaltsgeräte, Autos und Wearables integriert werden, um eine zentrale Steuerung des Alltags zu ermöglichen.

Bedenken

- Ethik und Beeinflussung: Virtuelle Assistenten könnten manipulativ eingesetzt werden, etwa durch gezielte Werbung oder politische Einflussnahme.
- Privatsphäre: Die permanente Überwachung und Analyse von Gesprächen und Interaktionen birgt erhebliche Risiken für die persönliche Freiheit.
- Verlust menschlicher Interaktion: Die verstärkte Nutzung virtueller Assistenten könnte dazu führen, dass soziale Kontakte abnehmen und die Kommunikation unter Menschen vernachlässigt wird.

13.7.3 Neurotechnologie und KI: Direkte Schnittstellen zwischen Gehirn und Maschine – Vision oder Realität?

Chancen

Die Neurotechnologie, die direkte Schnittstellen zwischen dem menschlichen Gehirn und KI ermöglicht, wird oft als nächste Stufe der Mensch-Maschine-Interaktion betrachtet. Diese Technologien könnten tiefgreifende Veränderungen in Medizin, Kommunikation und Arbeitswelt bewirken:

- Medizinische Anwendungen: Neurotechnologie könnte es ermöglichen, neurologische Erkrankungen wie Parkinson oder Epilepsie zu behandeln, indem KI-gesteuerte Implantate Gehirnsignale analysieren und regulieren.

- Steuerung durch Gedanken: Gehirn-Maschine-Schnittstellen könnten es Menschen ermöglichen, Geräte allein durch ihre Gedanken zu steuern, was besonders für Menschen mit Behinderungen revolutionär wäre.
- Erweiterung der kognitiven Fähigkeiten: KI könnte genutzt werden, um das Lernen zu beschleunigen oder die Gedächtnisleistung zu verbessern.

Bedenken

- Ethische Fragestellungen: Die Manipulation des Gehirns durch externe Technologie wirft tiefgreifende ethische Fragen auf. Wie weit sollte der Mensch in seine eigene Biologie eingreifen dürfen?
- Sicherheitsrisiken: Wenn Gehirnimplantate gehackt werden könnten, hätte dies potenziell katastrophale Folgen für die betroffenen Personen.
- Gesellschaftliche Ungleichheiten: Der Zugang zu solchen Technologien könnte stark ungleich verteilt sein und bestehende soziale Kluften weiter vertiefen.

13.8 Der Arbeitsplatz von morgen: KI und Arbeitskultur

Die Integration von KI in den Arbeitsplatz der Zukunft wird die Arbeitskultur tiefgreifend verändern. Von flexibleren Arbeitsmodellen über personalisierte Karriereförderung bis hin zur zunehmenden Relevanz emotionaler Intelligenz – der Arbeitsplatz von morgen vereint technologische Effizienz mit menschlichen Stärken. Während KI viele Aufgaben übernimmt, bleibt der Mensch der zentrale Gestalter von Innovation und Unternehmenskultur.

13.8.1 Flexibles Arbeiten durch KI: Wie intelligente Technologien Remote-Arbeit und globale Teams optimieren könnten

Chancen

KI ermöglicht es Unternehmen, flexiblere und effizientere Arbeitsmodelle zu gestalten:

- Optimierung von Remote-Arbeit: KI-gestützte Tools wie automatisierte Zeitmanagementsysteme, virtuelle Meeting-Optimierungen und Projektmanagementplattformen erleichtern die Zusammenarbeit globaler Teams.
- Globale Talentakquise: Unternehmen können mithilfe von KI global nach Talenten suchen, Einstellungen optimieren und kulturelle Unterschiede durch KI-gestützte Übersetzung und Kommunikation ausgleichen.
- Arbeitsplatzanpassungen: KI analysiert individuelle Bedürfnisse, um Arbeitsplätze ergonomisch und produktivitätsfördernd zu gestalten.

Bedenken
- Entfremdung der Mitarbeiter: Zu starke Technologisierung könnte persönliche Interaktionen reduzieren und die Bindung zum Unternehmen schwächen.
- Datensicherheit: Bei der Arbeit in virtuellen Umgebungen entstehen neue Herausforderungen im Bereich des Datenschutzes, insbesondere bei der Verarbeitung sensibler Daten.
- Überwachung durch KI: Mitarbeiter könnten sich durch KI-gestützte Überwachungstools kontrolliert fühlen, was das Vertrauen zwischen Arbeitgebern und Arbeitnehmern beeinträchtigen könnte.

13.8.2 KI als Mentor: Persönliche Entwicklung durch KI-gestützte Karriereberatung und Feedback

Chancen
KI bietet personalisierte Unterstützung bei der Karriereentwicklung:

- Individuelle Karriereberatung: KI analysiert die Fähigkeiten, Interessen und Karriereziele eines Mitarbeiters und schlägt maßgeschneiderte Entwicklungsmöglichkeiten vor.
- Echtzeit-Feedback: Durch die Analyse von Leistungsdaten kann KI detailliertes und objektives Feedback geben, das Mitarbeitern hilft, ihre Stärken zu nutzen und Schwächen gezielt zu verbessern.
- Weiterbildungsempfehlungen: KI schlägt basierend auf Kompetenzanalysen passende Schulungen und Kurse vor, die den beruflichen Fortschritt fördern.

Bedenken

* Menschliche Empathie: KI kann objektives Feedback liefern, aber emotionale Unterstützung und tiefes Verständnis für individuelle Herausforderungen bleiben menschlichen Mentoren vorbehalten.
* Datenmissbrauch: Persönliche Entwicklungsdaten könnten von Unternehmen missbraucht werden, um Mitarbeiter zu bewerten oder zu benachteiligen.
* Automatisierung von Entwicklungspfaden: Standardisierte Empfehlungen könnten Individualität und Kreativität der Mitarbeiter einschränken.

13.8.3 Die Rolle der emotionalen Intelligenz: Warum menschliche Fähigkeiten auch in einer KI-dominanten Welt unersetzlich bleiben

Chancen

Während KI viele technische und repetitive Aufgaben übernehmen kann, bleiben menschliche Fähigkeiten wie emotionale Intelligenz, Kreativität und Empathie von unschätzbarem Wert:

* Zwischenmenschliche Beziehungen: Emotionale Intelligenz ist essenziell für den Aufbau von Vertrauen, Zusammenarbeit und einem positiven Arbeitsklima.
* Konfliktlösung: Während KI-Daten analysieren kann, bleibt die Fähigkeit, Konflikte zu lösen und emotionale Dynamiken zu verstehen, eine rein menschliche Kompetenz.
* Innovationen fördern: Kreative Ansätze und neue Ideen entstehen oft durch die Fähigkeit, unterschiedliche Perspektiven zu verstehen und emotionale Bedürfnisse zu berücksichtigen.

Bedenken

* Verminderte Bedeutung: In einer stark automatisierten Welt besteht die Gefahr, dass menschliche Fähigkeiten weniger geschätzt werden, obwohl sie essenziell für die langfristige Unternehmensentwicklung sind.

- Fehlende Schulung: Unternehmen könnten zu sehr auf technische Fähigkeiten setzen und die Förderung emotionaler Kompetenzen vernachlässigen.

Der Arbeitsplatz von morgen wird durch KI effizienter, flexibler und individualisierter gestaltet. Intelligente Technologien erleichtern die Zusammenarbeit in globalen Teams und unterstützen die persönliche Entwicklung jedes Mitarbeiters. Gleichzeitig bleibt die menschliche Komponente unersetzlich. Fähigkeiten wie emotionale Intelligenz, Empathie und Kreativität ergänzen die technischen Möglichkeiten der KI und sichern eine ausgewogene Arbeitskultur.

Unternehmen, die KI nicht nur als Werkzeug, sondern als Partner betrachten und gleichzeitig die menschlichen Fähigkeiten fördern, schaffen eine Arbeitsumgebung, die nicht nur effizient, sondern auch nachhaltig und erfüllend ist. Der Schlüssel liegt in der Symbiose – einer gelungenen Balance zwischen technologischer Innovation und menschlicher Authentizität.

13.9 KI und globale Herausforderungen: Chancen und Lösungen

Künstliche Intelligenz hat das Potenzial, einige der drängendsten globalen Herausforderungen zu bewältigen. Ob Klimawandel, Gesundheitskrisen oder Konfliktlösung – KI bietet innovative Ansätze, um nachhaltige und effektive Lösungen zu entwickeln. Dennoch stehen diesen Chancen auch Risiken und ethische Fragen gegenüber, die sorgfältig abgewogen werden müssen.

13.9.1 KI gegen den Klimawandel: Simulationen und Vorhersagen zur Anpassung an Umweltveränderungen

Chancen
KI kann entscheidend dazu beitragen, den Klimawandel zu bekämpfen:

- Simulationen und Prognosen: KI-Modelle analysieren riesige Datenmengen, um den Verlauf des Klimawandels vorherzusagen und mögliche Szenarien zu simulieren. Diese Vorhersagen helfen dabei, politische und wirtschaftliche Entscheidungen fundiert zu treffen.
- Optimierung von Ressourcen: KI-gestützte Systeme können Energieverbrauch, Wasserressourcen und Abfallmanagement optimieren, um Emissionen zu reduzieren.
- Frühwarnsysteme: KI erkennt Umweltveränderungen, wie Waldbrände oder Überschwemmungen, schneller als herkömmliche Methoden und ermöglicht rechtzeitige Maßnahmen.

Bedenken
- Hoher Energieverbrauch: Die Datenverarbeitung in KI-Systemen kann erhebliche Mengen an Energie erfordern, was den Klimaschutz erschwert.
- Zugang und Ungleichheit: Nicht alle Länder verfügen über die nötigen Ressourcen, um KI für den Klimaschutz einzusetzen, was globale Ungleichheiten verstärken könnte.
- Unvorhersehbare Effekte: Fehlende Transparenz in KI-Modellen könnte zu falschen oder irreführenden Prognosen führen

13.9.2 Globale Gesundheitskrisen: die Rolle von KI in der Prävention, Diagnose und Behandlung

Chancen
KI hat in der Medizin und im Gesundheitswesen bereits bahnbrechende Fortschritte erzielt und könnte bei der Bewältigung globaler Gesundheitskrisen eine zentrale Rolle spielen:

- Prävention: KI kann Daten aus verschiedenen Quellen analysieren, um Krankheitsausbrüche vorherzusagen und Präventionsstrategien zu entwickeln.
- Schnellere Diagnose: KI-Algorithmen identifizieren Krankheiten wie Krebs oder Infektionen schneller und genauer, wodurch die Behandlung früher beginnen kann.

- Effiziente Impfstoffentwicklung: Während der COVID-19-Pandemie hat KI die Entwicklung von Impfstoffen beschleunigt, indem sie Moleküle analysiert und geeignete Kandidaten vorgeschlagen hat.
- Versorgung in unterversorgten Regionen: KI-gestützte Telemedizin kann den Zugang zu Gesundheitsversorgung in abgelegenen oder ressourcenarmen Gebieten verbessern.

Bedenken
- Datenschutz: Die Nutzung sensibler Gesundheitsdaten birgt Risiken für die Privatsphäre und den Missbrauch durch Dritte.
- Ethische Fragestellungen: KI könnte Entscheidungen treffen, die moralische oder ethische Konflikte aufwerfen, wie die Priorisierung von Patienten in Notfällen.
- Abhängigkeit von Technologie: Eine Überbetonung von KI könnte dazu führen, dass grundlegende medizinische Fähigkeiten vernachlässigt werden.

Laut Prognose von Roland Berger könnte sich der weltweite Umsatz auf dem Markt für Digital-Health bis zum Jahr 2026 auf eine Billionen Euro belaufen. Für Deutschland wird ein Marktvolumen von 59 Mrd. Euro erwartet.[1]
Aktuelle Zahlen[2]

- Im Jahr 2023 waren 53 % der weltweiten KI-Unternehmen für Arzneimittelforschung in den USA ansässig. Auf dem zweiten Platz liegt die Europäische Union, in deren Mitgliedsländern etwa 17 % dieser Unternehmen ihren Sitz haben.
- Die Hälfte der 50 größten Pharmaunternehmen ist Partnerschaften oder Lizenzvereinbarungen mit KI-Unternehmen eingegangen (z. B. Novartis und Microsoft, Sanofi und Aqemia).
- Der Markt für Chatbots im Gesundheitswesen wurde 2018 auf 116,9 Mio. US-Dollar geschätzt und wird bis 2026 voraussichtlich 345,3 Mio. US-Dollar erreichen – bei einer CAGR von 14,5 %.

---

[1] https://ventionteams.com/de/healthtech/ki-statistik-und-trends.
[2] https://ventionteams.com/de/healthtech/ki-statistik-und-trends.

- Es wird erwartet, dass das Marktsegment der virtuellen Assistenten von 2024 bis 2030 mit einer CAGR von 44,2 % wachsen wird.
- Der KI-Markt im Gesundheitswesen ist in zwei Segmente unterteilt: Software (81,25 %, Wert: 11,7 Mrd. US-Dollar) und Dienstleistungen (18,75 %, Wert: 2,7 Mrd. US-Dollar).
- Der Markt für KI-Anwendungen für virtuelle Pflegeassistenten wird bis 2026 schätzungsweise 20 Mrd. US-Dollar erreichen.
- Im Jahr 2023 wurde der Markt vom Segment der robotergestützten Chirurgie auf der Grundlage von Anwendungen dominiert. Zunehmende robotergestützte Operationen und Investitionen in KI-Plattformen sind die wichtigsten Treiber für das KI-Wachstum in diesem Bereich.
- Laut einer Umfrage von Capgemini sind in Deutschland 68 % der Befragten der Meinung, dass medizinische Beratung durch generative KI nützlich sein könnte. Der Durchschnitt in anderen Ländern liegt mit 67 % in einem ähnlichen Bereich.

13.9.3 KI für Frieden und Sicherheit: Potenziale zur Konfliktlösung und Reduktion globaler Ungleichheit

Chancen
KI kann genutzt werden, um Konflikte zu verhindern, Ungleichheit zu reduzieren und Sicherheit zu fördern:

- Konfliktprävention: KI analysiert geopolitische Daten, um Spannungen frühzeitig zu erkennen und Präventionsmaßnahmen vorzuschlagen.
- Hilfe für Entwicklungsländer: KI-gestützte Anwendungen unterstützen beim Aufbau von Infrastruktur, Bildungsangeboten und Wirtschaftssystemen, wodurch globale Ungleichheiten reduziert werden könnten.
- Cybersicherheit: KI schützt vor digitalen Bedrohungen, indem sie Angriffe erkennt und abwehrt, bevor sie Schäden verursachen.
- Humanitäre Einsätze: KI hilft bei der effizienten Verteilung von Ressourcen in Krisengebieten und sorgt dafür, dass Hilfsgüter dort ankommen, wo sie am dringendsten benötigt werden.

Bedenken

* Militarisierung von KI: Die Nutzung von KI für militärische Zwecke birgt die Gefahr, Konflikte zu verschärfen, statt sie zu lösen.
* Unbeabsichtigte Folgen: Fehlende Transparenz in KI-Systemen könnte dazu führen, dass Maßnahmen auf falschen Annahmen basieren.
* Ethik und Verantwortung: Wer trägt die Verantwortung, wenn KI-gestützte Konfliktlösungsstrategien scheitern oder unerwünschte Ergebnisse erzielen?

Der IT-Sicherheitslagebericht 2024[3] betont die wichtige Rolle von KI in der Cybersicherheit. Hier einige zentrale Erkenntnisse:

* KI-gestützte Bedrohungserkennung und -abwehr: KI-Systeme sind mittlerweile essenziell, um Cyberangriffe zu identifizieren. Sie nutzen fortschrittliche Algorithmen, um ungewöhnliche Muster im Netzwerkverkehr und Nutzerverhalten zu erkennen. Diese Systeme können in Echtzeit reagieren und Bedrohungen abwehren, bevor größere Schäden entstehen.
* Steigende Investitionen in Cybersicherheit: Zwischen 2020 und 2025 wird das jährliche Wachstum der IT-Sicherheitsbudgets auf 10,5 % geschätzt. Allein im Jahr 2023 wurden Rekordinvestitionen von 8,5 Mrd. Euro getätigt, was die zentrale Bedeutung von KI im Bereich der Cybersicherheit unterstreicht.
* Schutz vor Ransomware und Phishing-Angriffen: KI schützt effektiv vor gängigen Bedrohungen wie Ransomware und Phishing. Sie analysiert große Datenmengen, um potenziell schädliche Aktivitäten zu erkennen und das Angriffspotenzial erheblich zu reduzieren.

Diese Entwicklungen zeigen, dass KI eine Schlüsseltechnologie für moderne Cybersicherheitsstrategien darstellt. Eine effektive Integration kann die Widerstandsfähigkeit von Organisationen gegenüber den sich ständig weiterentwickelnden Bedrohungen erheblich stärken.

---

[3] https://www.bsi.bund.de/SharedDocs/Downloads/DE/BSI/Publikationen/Lageberichte/Lagebericht2024.html?nn=129410.

Unternehmen, Regierungen und internationale Organisationen sollten daher zusammenarbeiten, um sicherzustellen, dass KI verantwortungsvoll eingesetzt wird. Mit der richtigen Strategie kann KI zu einem entscheidenden Werkzeug werden, um die großen Herausforderungen unserer Zeit anzugehen und eine nachhaltigere, gerechtere Zukunft zu gestalten.

13.10 Gesellschaftliche Transformation: Wie KI unsere Werte beeinflusst

Die Einführung und Weiterentwicklung von Künstlicher Intelligenz hat das Potenzial, nicht nur Technologien und Arbeitsweisen, sondern auch die grundlegenden Werte und Strukturen unserer Gesellschaft zu verändern. Von kulturellen Anpassungen über Bildungsrevolutionen bis hin zu politischen Entscheidungen – KI wird zunehmend ein integraler Bestandteil unserer Lebenswelt. Diese Veränderungen eröffnen neue Möglichkeiten, bringen aber auch Risiken mit sich, die sorgfältig abgewogen werden müssen.

13.10.1 KI und kulturelle Veränderungen: Wie Technologie Traditionen und Lebensweisen prägen könnte

Die Einführung von KI verändert zunehmend, wie Kulturen bewahrt, geteilt und weiterentwickelt werden. Während Technologie die kulturelle Vielfalt fördern kann, birgt sie gleichzeitig das Risiko, lokale Traditionen zu verdrängen.

Chancen
- Erweiterung kultureller Perspektiven: KI kann den Zugang zu Wissen und Kunst erleichtern, indem sie Inhalte aus verschiedenen Kulturen übersetzt und zugänglich macht. So könnten beispielsweise historische Texte, die bisher nur in einer Sprache verfügbar waren, einem globalen Publikum präsentiert werden.
- Förderung von Innovationen: Traditionelle Berufe und Handwerke könnten durch KI modernisiert werden, wodurch altes Wissen erhal-

ten bleibt und mit neuen Technologien kombiniert wird. Dies könnte beispielsweise im Bereich der Architektur oder der Landwirtschaft geschehen.

- Globalisierung von Kultur: Plattformen, die durch KI personalisierte Empfehlungen bieten, ermöglichen es Menschen, kulturelle Inhalte aus der ganzen Welt zu entdecken, wie Filme, Musik oder Literatur.

Bedenken

- Verlust von Traditionen: Der Fokus auf digitale Innovationen könnte dazu führen, dass lokale Traditionen und Bräuche in den Hintergrund treten und langfristig verloren gehen.
- Kulturelle Homogenisierung: KI-gesteuerte Algorithmen neigen dazu, Mainstream-Inhalte zu fördern, was kulturelle Vielfalt gefährden könnte.
- Bias in KI-Systemen: Kulturelle Vorurteile und Stereotype, die in Trainingsdaten enthalten sind, könnten durch KI verstärkt werden.

13.10.2 Die Zukunft von Bildung: personalisierte Lernreisen durch KI

Die Bildung ist ein zentraler Bereich, in dem KI transformative Veränderungen bewirken kann. Durch personalisierte Ansätze und den breiten Zugang zu Lernressourcen kann KI Bildung revolutionieren.

Chancen

- Individuelle Förderung: KI kann Lerninhalte auf die Bedürfnisse, Fähigkeiten und Interessen jedes einzelnen Schülers oder Studenten zuschneiden. Dadurch werden individuelle Stärken gefördert und Schwächen gezielt adressiert.
- Zugang für alle: KI-gestützte Plattformen können Bildung in entlegene Regionen bringen, wo Lehrkräfte oder Ressourcen fehlen, und so die Bildungsgerechtigkeit fördern.
- Lebenslanges Lernen: Erwachsenenbildung und berufliche Weiterbildung können durch KI einfacher und effektiver gestaltet werden. So könnten Fachkräfte ihre Kompetenzen regelmäßig aktualisieren, um den Anforderungen der Arbeitswelt gerecht zu werden.

- Effizienz im Bildungssektor: Lehrer und Dozenten könnten durch KI-Tools bei der Verwaltung, Bewertung und Unterrichtsplanung entlastet werden, sodass sie mehr Zeit für die direkte Betreuung von Lernenden haben.

Bedenken
- Soziale Isolation: Der verstärkte Einsatz von KI in der Bildung könnte den direkten menschlichen Kontakt und die soziale Interaktion verringern.
- Datenschutz: Sensible Daten von Schülern und Studenten könnten missbraucht werden, wenn sie nicht ausreichend geschützt sind.
- Ungleichheit im Zugang: Während KI-Bildungsplattformen die Bildungschancen verbessern können, könnten sie auch bestehende Ungleichheiten verschärfen, wenn bestimmte Regionen oder Gruppen keinen Zugang zu den notwendigen Technologien haben.

13.10.3 Demokratie und KI: Risiken und Chancen von KI in politischen Entscheidungsprozessen

KI hat das Potenzial, politische Prozesse zu revolutionieren, indem sie fundierte Datenanalysen liefert und den Zugang zu Informationen verbessert. Gleichzeitig bringt sie erhebliche ethische und gesellschaftliche Herausforderungen mit sich.

Chancen
- Effizientere Entscheidungsfindung: KI kann komplexe Daten analysieren und Entscheidungsträger mit präzisen Prognosen und Empfehlungen unterstützen.
- Transparenz und Partizipation: Durch die Analyse und Visualisierung politischer Daten kann KI Bürgern helfen, komplexe Themen zu verstehen und aktiv an demokratischen Prozessen teilzunehmen.
- Bekämpfung von Desinformation: KI-gestützte Systeme erkennen und entfernen Fake News und schützen so die Integrität politischer Diskurse.
- Verwaltungsreformen: KI kann bürokratische Prozesse effizienter gestalten und Ressourcen besser nutzen.

Bedenken

* Manipulation von Wahlen: Personalisierte politische Kampagnen könnten durch KI missbraucht werden, um Wähler gezielt zu beeinflussen.
* Intransparenz: KI-gestützte Entscheidungen könnten schwer nachvollziehbar sein und die demokratische Kontrolle beeinträchtigen.
* Machtkonzentration: Die Entwicklung und Nutzung von KI in politischen Prozessen könnte dazu führen, dass technologische Macht bei wenigen Unternehmen oder Regierungen konzentriert wird.

Beispiel

Ein bemerkenswertes Beispiel hierfür ist der Einsatz der Plattform Tik-Tok durch die Alternative für Deutschland (AfD), der maßgeblich zu ihrem Wahlerfolg beigetragen hat.

Laut einer Studie der Bildungsstätte Anne Frank vom Juni 2024 ist die AfD auf TikTok aktiver als jede andere im Bundestag vertretene Partei. Diese starke Präsenz führte dazu, dass Inhalte der AfD auf TikTok doppelt so häufig von Erstwählern angesehen wurden wie die aller anderen Parteien zusammen. Bei der Europawahl im Juni 2024 stimmten 16 % der jungen Wähler für die AfD – eine Verdreifachung im Vergleich zur letzten Wahl vor fünf Jahren.[4]

Die AfD nutzt TikTok nicht nur für politische Botschaften, sondern auch für scheinbar unpolitische Inhalte wie Reise- oder Kochvideos. Diese Strategie ermöglicht es der Partei, den unterhaltenden Charakter von TikTok effektiv zu nutzen und ein breiteres Publikum anzusprechen. Ein Netzwerk gut vernetzter rechter Influencer teilt zudem AfD-Inhalte, was deren Reichweite weiter erhöht.

Dieses Beispiel zeigt, wie KI-gestützte Plattformen wie TikTok traditionelle Kommunikationswege verändern und politische Akteure neue Methoden entwickeln, um Wähler zu erreichen. Die Integration von KI in soziale Medien beeinflusst somit nicht nur politische Kampagnen, sondern prägt auch kulturelle Normen und Verhaltensweisen, indem sie neue Formen der Interaktion und Informationsverbreitung etabliert.

---

[4] https://www.dw.com/de/afd-tiktok-wahlerfolg/a-70119903?utm_source=chatgpt.com.

Die Künstliche Intelligenz verändert nicht nur unsere Arbeits- und Lebenswelt, sondern auch die grundlegenden Werte und Strukturen der Gesellschaft. Sie eröffnet neue Chancen für kulturellen Austausch, Bildung und demokratische Prozesse, bringt jedoch auch Risiken wie soziale Isolation, Machtkonzentration und ethische Herausforderungen mit sich.

Der Schlüssel liegt darin, die Vorteile der Technologie verantwortungsvoll zu nutzen und gleichzeitig die Risiken aktiv anzugehen. Nur durch einen ausgewogenen Ansatz kann KI dazu beitragen, eine gerechtere, inklusivere und nachhaltigere Gesellschaft zu gestalten.

The manufacturer's authorised representative in the EU is Springer
Nature Customer Service Centre GmbH, Europaplatz 3, 69115 Heidelberg,
Germany. If you have any concerns regarding our products, please
contact ProductSafety@springernature.com

Printed and bound by CPI Group (UK) Ltd, Croydon, CR0 4YY
28/04/2026
02098515-0002